rowohlts monographien

HERAUSGEGEBEN

VON

KURT KUSENBERG

BUDDHA

IN
SELBSTZEUGNISSEN
UND
BILDDOKUMENTEN

DARGESTELLT
VON
MAURICE
PERCHERON

ROWOHLT

Aus dem Französischen übertragen von Joachim Rassat
Den dokumentarischen und bibliographischen Anhang bearbeitete Paul Raabe
Umschlagentwurf Werner Rebhuhn

1.–27. Tausend	Juli 1958
28.–33. Tausend	Juli 1965
34.–40. Tausend	Mai 1967
41.–45. Tausend	Januar 1970
46.–50. Tausend	Mai 1971
51.–55. Tausend	Juli 1972

Veröffentlicht im Rowohlt Taschenbuch Verlag GmbH,
Hamburg, Juli 1958
Mit Genehmigung des Verlages Éditions du Seuil, Paris

Gesetzt aus der Linotype-Aldus-Buchschrift
und der Palatino (D. Stempel AG)
Gesamtherstellung Clausen & Bosse, Leck/Schleswig
Printed in Germany
ISBN 3 499 50012 4

INHALT

DAS VORBUDDHISTISCHE INDIEN

Keine geistige Bewegung kann aus dem Nichts entstehen, losgelöst von ihrer Zeit und ihrem Entstehungsbereich. Jeder neue Versuch, den der Mensch unternimmt, die Fragen seines Daseins zu lösen, ist nur ein Glied in einer Kette, ein Weiterführen schon vorgedachter Gedanken. Oftmals geschieht das als Reaktion gegen andere Vorstellungen, zuweilen sogar als Rückkehr zu Gedanken, die aus dem Blick gekommen waren. Eine jede Reform zielt also darauf, wieder ins rechte Licht zu rücken, was dem Bewußtsein scheinbar entglitten ist und nur noch in den verborgenen Gründen der Seele haust.

Der Buddhismus hat durchaus keinen zufälligen Charakter, er entstand nicht spontan. Er mußte gleichsam geboren werden, und wenn er nicht im 5. Jahrhundert vor Beginn unserer Zeitrechnung erschienen wäre, so würde er notwendig ein paar Jahrzehnte später entstanden sein.

Man kann daher über den Buddha und den frühen Buddhismus nur sprechen, wenn man die soziale und geistige Situation Indiens zu dieser Zeit mit ins Auge faßt. Was der Buddha geschaffen hat, kann freilich nicht als bloße Ketzerei erklärt werden. Man muß vielmehr sagen, daß die religiöse Erstarrung, in der sich Indien vorher fast ein Jahrtausend lang befunden hatte, den Keim zu ihm barg.

Der Buddhismus hatte bei seiner Entstehung keine schweren Kämpfe zu bestehen. Einmal deswegen, weil er nicht so revolutionierend auftrat, um eine energische Gegenreaktion der geltenden indischen Religion, des Brahmanismus, herauszufordern, die er dann mit der Zeit bis auf die Wurzeln umformen sollte; zum andern, weil er in einer Gegend entstand, wo die Brahmanen noch nicht die Macht innehatten. Die indische Epigraphie und Archäologie zeigt in der Tat für Bihar und Nepal einen starken allgemein-indogermanischen Einfluß. Zudem wissen wir, daß die Kriegerkaste der Kshatriyas zu jener Zeit hier verbissen darum kämpfte, sich nicht von den Brahmanen ihrer Macht berauben zu lassen. Sie unterstützte daher offen den Buddhismus, der die Stellung der Priesterkaste untergrub und den Brahmanismus zu liberalisieren schien.

Der Buddhismus trat zuerst freilich nicht als Konkurrent gegen den Brahmanismus auf, sondern es fand vielmehr eine parallele Entwicklung der Lehren mit einer starken wechselseitigen Befruchtung statt. Als im zweiten Jahrhundert unserer Zeitrechnung der buddhistische Kanon verfaßt wurde, fand er ein starkes Echo auf

Von der Stadt Kapilavastu aus sah der Prinz Siddhārta das großartige Panorama des Himālaya

seiten des alten Brahmanismus. Das ging so weit, daß man den Hinduismus der folgenden Jahrhunderte geradezu einen buddhisierten Brahmanismus nennen könnte.

Hier liegt vielleicht der Grund, warum man gesagt hat, der Buddha sei gar kein Neuschöpfer. Sogar der Kaiser Aśoka, der die Lehren des Vollendeten in Fels meißeln ließ, nannte den Namen Buddhas nicht. Als früher Vorläufer Nietzsches sah dieser Herrscher im Buddhismus lediglich das Bewußtwerden der bisher ungeformten Gedanken seiner Zeit, das durch das geschriebene oder gesprochene Wort Ins-Bewußtsein-bringen dessen, was die Menschen bisher nicht auszudrücken vermochten.

Für den einfachen Glauben wie für die Philosophie gab es indessen seit dem 6. Jahrhundert vor Christus eine bedeutendere Frage als die Ausstrahlung der brahmanischen Götterwelt. Wir meinen die Entdeckung des Begriffs der Seele.

Die Inder hatten vorher den Aufenthalt der Götter und die Hölle als eine Art Hafen angesehen, wo die sterblichen Seelen ihren Lohn oder ihre Strafe empfingen. Der Gedanke, daß der Tod der Ausgang einer Seelenwanderung sei, eines Wechsels von neuem Leben und neuem Sterben, war dieser Religion noch fremd. Jeder, der die Erde verlassen hatte, blieb, entsprechend seinen im Leben vollzogenen Taten, in einem Paradies oder in einem Höllenreich.

Da entdeckte man, daß die Seele etwas Ewiges sei und daß sie eine körperliche Gestalt nur verläßt, um sich in einer neuen einzurichten, einer besseren oder schlechteren, je nach den guten Taten oder Sünden, die einer in der vorausgegangenen Existenz begangen hatte. Dieser Glaube an die Seelenwanderung war allerdings in Ansätzen schon in jener frühen Zeit der Entstehung der Veden, der alten heiligen Bücher des Brahmanismus, vorhanden. Das, was als feinstoffliche Substanz durch die Handlungen und ihre Folgen entstand, nannte man *Karman*. Es war das Band von einer Existenz zur anderen, das Bleibende im Wechsel. Wir würden es heute vielleicht einen psychischen Kern nennen.

Ātman und Brahman

Der Ātman

Als die sogenannte vedische Periode der indischen Religion zu Ende ging, hatten sich zwei Begriffe herausgebildet: der *Ātman* und das *Brahman*.

Der *Ātman* («Selbst») ist der elfte in der Reihe der sogenannten

Brahmā

Lebenshauche (*Prāna*), das, was mit dem Geist des Individuums verbunden ist, das Prinzip des Lebens und der Erkenntnis, das nicht allein den geistigen Kern des Menschen, sondern darüber hinaus aller Wesen bildet. Der *Ātman* ist das Prinzip der Einheit hinter aller Mannigfaltigkeit. Er ist allgegenwärtig und ermöglicht überhaupt erst eine jede Wahrnehmung. Er selbst allerdings kann weder sehen noch hören, denn da, wo das Absolute ist, «verschwindet jeder Gegensatz zwischen Hörer und Gehörtem, zwischen Sehenden und Gesehenem». Mit dem Aufhören des Bewußtseins, das der Tod eines Menschen mit sich bringt, verschwindet der Gegensatz von Außen- und Innenwelt. Mit dem Verschwinden der scheinbaren Vielheit in der Welt vergeht auch jede darauf beruhende Erkenntnis.

Das Brahman

Das *Brahman* ist die ursprüngliche Macht, die der Mensch in allen ihm unerklärlichen Erscheinungen erkennt (das *Mana*). Da diese Macht sich dank dem Opfer manifestiert und da das Opfer wiederum von der richtigen Rezitation der Opfersprüche abhing, identifizierte man das *Brahman* mit dem Gebet, dem heiligen Wort, das man zum Prinzip des ganzen Universums erhob.

Eine ganz neue Welt von Gedanken war so an das Licht gekommen und stellte sich als kosmische Macht dar: das heilige Wort, das fähig war, den *Ātman*, das Selbst des Opferers, mit dem *Brahman*, der Weltseele eins werden zu lassen. Eine Verbindung war geschaffen zwischen dem Universum und dem Ich eines Individuums.

In diesem Moment drang die Idee einer universellen Gottheit durch, bildete sich der Monotheismus hinter der Vielheit der Götter. Diese universelle Gottheit, das *Brahman* nämlich, war jedoch nicht der Weltenrichter, vor dem man nach dem Tode Rechenschaft über sein Leben zu geben hatte, es war vielmehr, da *Ātman* und *Brahman* im Grunde identisch sind, nichts anderes als das eigene Ich.

Der Asketismus bildete wahrscheinlich eine Übergangsperiode zwischen der vedischen Epoche und dem eigentlich Brahmanismus. Schon seit Jahrtausenden hatte es in Indien Yogins gegeben, die einen oder zwei Schüler in ihren wenig orthodoxen Lehren unterrichteten. Der Buddha selbst hatte auf diese Weise versucht, als Schüler von Asketen die Wahrheit zu finden. Man glaubte, daß der Asketismus besonders heilkräftig sei und daß durch die Kasteiungen, wörtlich «Hitze» (*Tapas*), Wunderkräfte zu erlangen seien. Der Asket glaubte sich imstande, sich mit den Mächten der Welt zu messen und den Durst nach dem Heil stillen zu können. Weniger Noble unter ihnen wollten auch nur überirdische Kräfte durch ihre Kasteiung erwerben, um sich für irgendeine erlittene Beschimpfung rächen zu können.

Die *Upanischaden* («Geheimtexte»), die Streitgespräche zwischen den Brahmanen über das *Brahman* oder andere theologische Fragen enthalten — die ältesten reichen wahrscheinlich in das erste Jahrtausend vor Christus zurück –, haben die Verbindung zwischen Opfer und Gottesidee bzw. Universum zerrissen. Aber sie haben sich nicht weniger gegen die Verdrängung des Opfers aus der Religion gewehrt, hierin mit den *Āranyakas,* den «Waldtexten», übereinstimmend. Die Zeit war reif für die Entstehung des Begriffs von einem individuellen Heil für eine neue und vertiefte Untersuchung der Grundfragen des menschlichen Daseins. In der Folge festigte sich daher der neue Gedanke einer Verbindung des *Ātman* mit der Seelenwanderung, bildete sich jener Begriff, den man *Karman* nannte.

Das Karman

Es hatte sich die Vorstellung gebildet, daß nach dem Tode nicht alles zu Ende sei und daß die Welt jene unbegreifliche Kraft, die in einem lebenden Körper haust, wiedersehen wird. Die Asketen oder die einfachen Gläubigen verstanden darunter etwas, was ins Reich des Unbewußten gehört, ein Verlangen nach Dauer als Lohn für ein gutes oder ein schlechtes Leben.

So entfaltete sich die Vorstellung von der Seelenwanderung, die wahrscheinlich schon lange im Geist des indischen Menschen geschlummert hatte. Um von der Masse verstanden zu werden, individualisierte sie die Weltseele und erklärte die Einzelseele als eine Folge von Existenzen, deren Art und Weise jeweils von den Handlungen in der vorausgegangenen Existenz bestimmt werde. Der Mensch kann nach dieser Vorstellung vorübergehend zu einer Gottheit werden, allerdings auch zu einem Tier und sogar zu einer Pflanze. Das Band, das eine Existenz mit der folgenden verbindet, nannte man *Karman.*

Es leitet sich von der indischen Wurzel *kri* (machen) her und bedeutet soviel wie «Tat, Handlung, Werk». Darüber hinaus meint es hier jene dem Körper innewohnende feinsubstantielle Kraft, die von einer Existenz in die andere geht gemäß dem moralischen Wert der Taten, Worte und Gedanken eines Menschenlebens. Wir haben schon vom «unzerstörbaren psychischen Kern» gesprochen, der uns am besten mit dem, was die Inder meinen, übereinzustimmen scheint. Dieses individuelle *Karman* erlaubte nun die Lösung jenes schwierigen Problems einer gerechten Vergeltung von Gut und Böse, über das die Menschheit seit ihren ersten geistigen Anfängen nachgedacht hat.

Bald genügte dem Inder die Seelenwanderung nicht mehr. Es wurde ihm klar, daß kein noch so gutes Werk ihn zu einer wirklichen Glückseligkeit bringen könnte, sondern immer nur zu einer neuen

Existenz, und es schien ihm allmählich wichtiger, seine Seele unsterblich in ewigem Heil als in einer Wanderung von Existenz zu Existenz zu wissen. Gab es keine Hoffnung, nicht mehr wiedergeboren zu werden, fragte man sich? Und man begann nach der Möglichkeit einer Befreiung aus dem Kreislauf der Geburten zu suchen.

Man fand diese Befreiung zuerst im *Ātman-Brahman*, in dem Gedanken der Identität von Einzelseele und Weltseele, den wir erwähnten. Wer sich dieser Identität bewußt wird, so heißt es in den *Upanischaden*, ist dem *Samsāra*, dem Kreislauf der Existenzen, entronnen, geht in das *Brahman* ein. Und in der *Brihad-Āranyaka-Upanishad* spricht der Weise Uddālaka zu seinem Sohn Śvetaketu die berühmten Worte *Tat tvam asi* (Das bist du), als er ihm erklären will, daß es dieselbe Kraft ist, die im Kosmos, in den Dingen und im Menschen wirkt: das *Brahman*.

Allein, wie sollte man diese erlösende Erkenntnis, die nicht ein bloß intellektuelles Einsehen meint, sondern ein «Ergreifen», erlan-

Brahmanisches Opfer (Cham-Kunst)

gen? Natürlich nahm man Zuflucht zu den althergebrachten Methoden, dem Opfer, den Riten, der Moral, aber man gab allem diesem einen neuen, tieferen Sinn, sah in ihnen die ersten Schritte auf dem Wege zum Heil, zur Erlösung.

Aber obwohl die Yogins die Methoden der Konzentration und Weltüberwindung lehrten, zeigte sich die Idee vom *Brahman* als noch zu schwierig, um sich auf diesem Weg der Praxis «ergreifen» zu lassen, sei es durch Nachdenken oder durch Ekstase oder Versenkung. Man erkannte, daß es eines geistlichen Führers bedürfte, um sich auf den Weg einer mystischen Erfahrung der Erkenntnis bringen zu lassen, eines bereits «Erfahrenen», der einen über die geheimnisvolle Schwelle leiten konnte.

Indischer Yogin

Es war die Philosophie des Vedānta, die in dem Gedanken von der ursprünglichen Einheit von *Ātman* und *Brahman*, von der Illusion aller Vielheit, in der der Mensch befangen ist, den stärksten Ausdruck der universellen Einheit sah, bis dann der Buddha kam und die Frage nach der Erlösung in noch radikalerer Weise zuspitzte.

Die Götter, die man zwar verehrte und fürchtete, konnten nicht mehr die Frage nach dem Sinn des Lebens beantworten. Zu ähnlich war ihre dem *Karman* unterworfene Situation der des Menschen, und die Unbeständigkeit ihrer hohen Stellung mußte einen Verlust an Prestige nach sich ziehen.

Eine gewisse Vorstellung von der Erlösung, besser Befreiung, hatte sich also herausgebildet. Sie war weniger das Produkt der Brahmanen, die es für sich in Anspruch nahmen, als vielmehr ein Werk der Kshatriyas und vor allem der Yogins.

Die Sāmkhya-Philosophie, der die Asketen anhingen, suchte die Welt durch ein spekulatives System zu erklären. Für sie ging alles auf zwei Urprinzipien zurück, ein materielles, *Prakriti* genannt, und ein geistiges, das *Purusha* hieß. Eine verbindende Einheit hinter diesen, ein *Brahman*, gab es für sie nicht, ebensowenig einen *Ātman*, vielmehr eine Vielzahl von Einzelseelen (*Purushas*) in den Banden der Materie; eine Lehre, die gleichzeitig atheistisch und rationalistisch war und die materielle Welt keineswegs als Illusion, sondern als sehr real ansah.

Es muß festgehalten werden, daß die Asketen fast alle Kshatriyas waren. Es war in der Tat üblich, daß ein Adliger sich zur Meditation in die Einsamkeit zurückzog, sobald er seine Standespflichten erfüllt hatte und alt geworden war. Auch die *Upanischaden* sind im Grunde Erzeugnisse des Kshatriyas-Geistes. Für die Brahmanen war die Welt freilich «auf den Kopf gestellt, wenn ein Gläubiger sich zum Schüler eines Kshatriya macht».

Die indische Religion, in ihrem Ursprung indogermanisch und vielleicht auch mesopotamisch, hatte also ihren Schwerpunkt von außen nach innen verlagert. Die Vorstellung von der Verbindung von Gott und Mensch, die sich gegenseitig Schutz bzw. Opfernahrung geben, war dem Primat der Seele gewichen. Statt nach Macht und Wohlergehen oder Reichtum zu streben, statt in Furcht vor bösen Mächten zu leben, sorgte man sich jetzt um die ewige Seligkeit. Was waren schon irdische oder dämonische Widersacher angesichts der Feinde in der eigenen Brust, die es zu bekämpfen und zu besiegen galt?

Aber diese Lehre hatte ihre Schwächen und heischte nach einer Reform. Zu kompliziert waren die Gedanken über das Sein und den Ursprung der Seele, es gab keine Definition, keine Erklärung oder Begründung der Thesen und eine Fülle von Widersprüchen.

Es hat wahrscheinlich schon vor dem Buddha Weise gegeben, die eine neue philosophische oder religiöse Konzeption hatten und im Gegensatz zu den alteingewurzelten Vorstellungen und Riten standen. Es bedurfte jedoch noch eines Mannes, der kraft seiner Persönlichkeit das Neue gegenüber dem überfälligen Alten durchsetzen konnte.

Der Buddhismus, der zunächst nur Resonanz bei Einzelnen hatte, wurde zu einer breiten Reformbewegung, als der Buddha nach seinem Tode zu einer göttlichen Inkarnation erklärt wurde. Die Legende bemächtigte sich seines Lebens, verband ihn mit den bekannten

Göttern und erfand Wundergeschichten. Das war der Preis dafür, daß der Buddhismus in die Massen eindringen konnte.

Aus einer philosophischen Erkenntnis, die besagte, «den Schlüssel zur Glückseligkeit tragen wir in uns», machte das Volk am Ende eine Religion, weniger in dem wörtlichen Sinne von Religion, das auf das Lateinische «religare» (rückbinden) zurückgeht, sondern in der Art einer überirdischen Verehrung mit bestimmten Kulten und Riten.

Der Buddha und zwei Schüler (Bengalen, 12. Jh.)

Immer wieder beziehen sich die buddhistischen Texte auf Episoden aus Buddhas Leben. Auch die Ikonographie hat fast immer Begebenheiten aus dem Leben des Vollendeten zum Thema. Man kann daher über den Inhalt der Lehre nur sprechen, wenn man über die Lebensdaten des Buddha Bescheid weiß. Die reichen Legenden, die sich um sein Leben gerankt haben, weisen oft symbolische Züge auf, sie ergänzen und erläutern die Lehre gleichnishaft.

Der Buddha — der Erwachte, Erleuchtete — wurde wahrscheinlich im Jahre 556 vor Beginn unserer Zeitrechnung im mittleren Gangestal geboren. Hier, in der Nähe des heutigen Patna, das damals Pātaliputra hieß, grenzten mehrere Fürstentümer an den Fluß. Nach Osten zu lag Videha mit der Hauptstadt Vaiśālī, das heutige Basarh. Nach Norden zu dehnte sich das Reich der Kośala, dessen Nordostteil den Śākya-Fürsten, der Familie Buddhas, gehörte, es ist das heutige Oudh, das Nepal vorgelagerte indische Grenzgebiet. Im Süden des Ganges endlich lag Magadha, das heutige Bihar mit der Hauptstadt Rājagriha. In dieser Gegend hatte der Buddhismus seine Wiege, unweit der Schneegipfel des Himālaya, einem Land, in dem auch die andere große indische Reformreligion, der Jainismus entstand.

Das etwas übertrieben «Königreich» genannte Land der Śākyas war in Wirklichkeit, wie wir sagten, nur eine Art Provinz des Kosala-Reiches. Es war im Grunde nicht mehr als ein riesiges Rittergut, auf dem die Śākyas in ihrem Schloß saßen. In der Nähe des Wohnsitzes der Śākya-Fürsten, aus dessen Geschlecht der Buddha stammt, lag allerdings eine blühende Stadt, Kapilavastu, erquickt durch die kühlen Wasser des von den nördlichen Bergen kommenden Flusses Rohinī, eine Stadt, die die Legende als sehr luxuriös schildert.

Mehrere Jahrhunderte nach dem Tode Buddhas hatte die Legende aus seiner natürlichen Geburt ein Wunder gemacht. Ein Engel, so hieß es, der aus dem Tushita-Himmel auf die Erde herabblickte, sei von der Not der Menschen, Götter und Geister gerührt worden. Um sie zu retten, habe er in der Gestalt eines weißen Elefanten seinen irdischen Leib in den Schoß der Königin Māyā, der Gattin des Śākya-Fürsten Śuddhodana, der Mutter Buddhas, gesenkt.

Die Königin Māyā lebte, wie es heißt, seit langem keusch und war nur dem Namen nach die Gattin Śuddhodanas. Eines Tages hatte sie einen Traum. Sie fühlte sich auf einer Wolke in den Himmel gehoben und in einen herrlichen Palast getragen, wo sich ihr ein Elefant näherte. Der göttliche Elefant drang, ohne ihr Schmerz zu bereiten, in ihre Seite ein und legte in sie den Keim des künftigen Buddha. Ein Gott wäre, wie die Legende aufklärend sagt, nicht würdig gewesen, der Vater des Vollendeten zu sein.

Nach zehnmonatiger Schwangerschaft gebar Māyā im Park Lumbinī, dem Sommersitz des Fürstenhauses nahe Kapilavastu, den künftigen Buddha. Ein Blumenregen fiel vom Himmel, Sphärenmusik tönte, und in der Luft schwebte ein Baldachin, während das Kind unbefleckt der rechten Seite seiner Mutter entsprang, erfüllt vom Wissen um seine früheren Existenzen. Das Neugeborene erhob sich von dem Lotosbett, auf das die Mutter es gelegt hatte, sah mit einem «Löwenblick» zum Himmel, tat sieben Schritte nach jeder Himmelsrichtung und sprach: «... Ich werde der Wiedergeburt, dem Altern, der Krankheit und dem Sterben ein Ende machen ... Das ist in Wahrheit meine letzte Geburt, es wird keine Wiedergeburt mehr für mich geben.»

Die sieben Schritte bedeuten symbolisch die Ersteigung des Gipfels der Welt, auf dem sich der Buddha angeblich seit seiner Geburt

Siddhārtas Geburt (Afghanistan)

Die Vision der Königin Māyā. Sie sieht im Traum, wie der Bodhisattva sich ihr in der Gestalt eines kleinen Elefanten nähert (Britisches Museum)

befindet, über den sieben Weltzonen und den sieben Himmeln. Der Geburtsmythos will also die von Anbeginn bestehende Transzendenz und die Erhabenheit des Buddha über Raum und Zeit darlegen.

Die Königin Māyā starb, wie die Legende berichtet, sieben Tage nach der Geburt. Sie war zu heilig, um noch weiter auf Erden leben zu können. Das Kind, das neben seinem Familiennamen Gautama den Namen Śiddhārta («der das Ziel erreicht hat») erhielt, wurde fortan von seiner Tante, der Schwester Māyās, erzogen, die später Śuddhodanas Frau wurde.

Siddhārta wuchs mit den anderen adligen Knaben am Hofe seines Vaters auf, aber immer war er der erste unter ihnen, sei es beim Bogenschießen, bei den Reiterwettkämpfen, beim Fechten oder in den Wissenschaften. Er kannte, wie es heißt, alle bekannten Sprachen, keinen Lehrer fand man, der nicht schon nach kurzer Zeit hätte eingestehen müssen, daß sein Schüler ihn an Kenntnissen übertreffe.

Das Buddhakind tut sieben Schritte nach jeder Richtung (tibetisches Gemälde).

Den König Śuddhodana beunruhigte indessen die Weissagung eines Asketen, der prophezeit hatte, daß sein Sohn ein großer Herrscher werden würde, wenn er seine Nachfolge auf dem Fürstenthron antreten würde, daß er aber nur noch das Heil aller Lebewesen im Auge haben und für den Thron verloren sein würde, wenn er sich eines Tages entschlösse, Asket zu werden.

Der König war daher hocherfreut, als sein Sohn eines Tages in Liebe zu der schönen Prinzessin Yaśodharā entflammte. Eine Frau und Kinder, das wäre es, meinte der König, was seinen Sohn für immer davon abbringen würde, etwa ein Asket werden zu wollen. Doch der König hatte sich getäuscht. Siddhārta fand kein Wohlgefallen an dem luxuriösen Leben, das er nach seiner Stellung zu führen hatte. Eines Tages machte er sich auf und fuhr nach Kapilavastu. Da begegnete ihm das Leben, wie es wirklich war: zuerst traf er einen Greis, dessen Körper von 80 Lebensjahren ausgezehrt war. Sodann hörte er die Schreie eines Pestkranken, der an der Straße lag, und schließlich sah er einen Leichenzug vorüberziehen, der einen Leichnam zur Verbrennungsstätte brachte.

Es gab also nicht nur jenes Leben in Reichtum, Unterhaltung und in der Gesellschaft schöner Tänzerinnen, es gab auch ein anderes mit Altern, Krankheit und Tod, und das war das wirkliche. Wird nicht die Todesstunde jeder einmal erleben, fragte er sich? Ist sie nicht der Preis, den jeder dafür zu zahlen hat, geboren zu sein?

Als Siddhārta dann noch einen Wanderasketen traf, der seine Nahrung erbettelte, begann er zu ahnen, welchen Weg er künftig gehen müsse. Er beschloß, der Krone zu entsagen und sich auf die Suche nach der Wahrheit zu begeben.

Eines Nachts, während seine Frau und sein eben geborener Sohn Rāhula (die Fessel) schliefen, machte er sich auf. Schweigend verließ er auf einem Pferd mit umwickelten Hufen das Schloß. Er schlug sich in den nahen Wald, entledigte sich seiner kostbaren Gewänder, schor sein Haar und begann die Wanderschaft. 29 Jahre alt war der künftige Buddha, als das geschah.

Er wollte die Wahrheit finden, und er suchte und suchte lange Zeit, schloß sich Einsiedlern an, die in der Nähe von Rājagriha hausten, und übte sich mit den Asketen in den Methoden des Yoga. Er lernte es, sich nicht auszuruhen, seinen Atem anzuhalten, sich «einzupuppen» wie ein Insekt im Winter. Bei dem Sāmkhya Asketen Alāra-Kalāma erfuhr er die Vergeblichkeit aller Kasteiung, merkte er, daß sich weder durch das Ertragen körperlichen Schmerzes noch durch die Zähmung der Sinne die Wahrheit finden oder die Tugend erwerben läßt. Auch bei den brahmanischen Priestern fand er nicht, was er suchte. Ihre Lehren vom *Ātman-Brahman* schienen ihm ein kompliziertes Dogma, ihre Worte Phrasen, die seinen geistigen Hunger nicht stillen konnten. Er verließ sie wieder mit den Worten: «Gebt euch keine Mühe, die Menschen bessern zu wollen.»

Er erkannte nach diesen Irrwegen, daß er die Wahrheit nur in sich selbst finden würde. In Begleitung von fünf Schülern, die er unterwegs getroffen und die sich ihm angeschlossen hatten, zog er nach Uruvelā in der Nähe des heutigen Gayā in Bihar. Sechs Jahre hielt er sich meditierend am Ufer eines Flusses auf und versuchte durch Askese seinen Geist zu befreien, wie es unter den Yogins als letzte Stufe vor der Erlangung der Heiligkeit galt.

Aber dennoch fand er nicht die Erkenntnis oder einen Schlüssel zu ihr. Als er immer schwächer wurde und sein Geist zu erlahmen begann, entschloß er sich, wieder normal zu leben.

Wandernd zog er weiter und spürte, daß er allmählich seinem Ziel näher komme. Eines Abends machte er an einem Feigenbaum

in der Nähe von Gayā Rast. Es war nicht mehr der Friede der Meditation, der ihn hier überkam, sondern die Erleuchtung, nach der er so lange vergebens gesucht hatte. Von nun an zweifelte er nicht mehr. Nachdem er den Feigenbaum siebenmal umschritten hatte, setzte er sich mit gekreuzten Beinen, im Lotossitz nach Osten gewandt, auf einen Heuhaufen und sagte: «*Möge meine Haut schrumpfen, möge meine Hand verdorren und mögen meine Gebeine sich auflösen, solange ich nicht auch die letzte Erkenntnis gefunden habe, werde ich mich nicht von hier wegrühren.*»

Als Māra, der Teufel, den Buddha vom Himmel aus so sitzen sah, überkam ihn Furcht. Wenn alle Menschen so wie dieser da «befreit» würden, dann wäre es mit seiner Macht vorbei, würde er zu einem Herrscher ohne Reich werden. Er beschloß, die Absichten Buddhas zu durchqueren, und sandte Sturm und Gewitter, um die Andacht des Buddha zu stören. Aber nicht eine Falte an seinem Gewand konnte er in Unordnung bringen.

In der ersten Nachtwache hatte der Buddha, wie es heißt, die Vision alles dessen, was er in seinen früheren Existenzen erlebt hatte. In der zweiten erkannte er den Zustand der gegenwärtigen

Siddhārta ist überall der erste, beim Bogenschießen wie beim Unterricht (chinesische Seidenmalerei).

Welt. Und als der Tag anbrach und die dritte Nachtwache zu Ende ging, hatte er die Verkettung von Ursache und Wirkung in der Welt begriffen. Die Wahrheit war ihm aufgegangen: *«Wie ist diese Welt doch leidvoll! Sie altert und stirbt, um wiedergeboren zu werden, um von neuem zu altern und zu sterben, ohne Ende... Aber ist die Ursache für dieses Altern und dieses Sterben nicht die Geburt und der Durst nach Wiedergeburt?»* Und so ging er der verhängnisvollen Kette, die zur Wiedergeburt führt, von Ursache zu Ursache nach bis zurück zur Unwissenheit, der letzten Ursache, und er fand den Gedanken: *«Indem man den Durst nach Wiedergeburt, der von Existenz zur Existenz führt, in sich abtötet, verhindert man eine neue Geburt und neues Leid. Um diesen Durst zu töten, gibt es aber nur ein Mittel, ein reines Leben.»*

Vier Wochen lang verharrte der Buddha nach der Legende auf seinem Sitz und durchzog im Geiste die Welt. Aber Māra, der Teufel,

Auf vier Ausritten begegnet dem Prinzen ein bettelnder Greis, ein Kranker, ein Leichnam, der zum Scheiterhaufen gebracht wird, und ein Mönch (Chinesische Malerei)

trachtete immer noch danach, ihn von seinem Ziel abzuhalten. Er schickte ihm drei schöne Mädchen, die ihn ablenken sollten. Aber ein einziger Blick aus den Augen des Erleuchteten ließ ihre Schönheit welken. Nach diesem Mißerfolg versuchte Māra, den Buddha mit dem Versprechen der Herrschaft über die ganze Welt zu verlokken, und als auch das nichts nützte, suchte er ihm zu suggerieren, er solle doch, da die Ursache des Leids in dieser Welt ja nun erkannt sei, sofort in das *Nirvāna* eingehen. Und damit berührte Māra einen heiklen Punkt. Der Buddha überlegte in der Tat, ob er die von ihm gefundene Erkenntnis weitergeben solle. Würde er verstanden werden? Würde es ihm gelingen, das Unaussprechliche in Worte zu fassen? Aber dann widerstand er doch der Versuchung. Er verglich im Geiste die Seligkeit des auf ihn wartenden *Nirvāna* mit dem, was er imstande sein würde, den Menschen zu bringen, und entschloß sich endgültig, ein Buddha für alle, nicht nur für sich selbst, zu werden und dafür zu wirken, daß auch die anderen Menschen die «Befreiung» fänden.

So begann er nach jemandem zu suchen, dem er zuerst seine Heilsbotschaft verkündigen könnte; er entsann sich der fünf Schüler, die ihn einst begleitet und dann wieder verlassen hatten. Kraft seines übernatürlichen Wissens wußte er, daß sie sich in Benares aufhielten, und er machte sich auf den Weg dorthin. Unterwegs begegnete er einem seiner ehemaligen Lehrer, Upaka. Er gab sich ihm zwar als *Arhat* (Heiliger) zu erkennen, erklärte ihm jedoch nicht seine Lehre, da er sie für eine größere Zuhörerschaft aufbewahren wollte. Endlich kam er nach Benares, wo er die Schüler in einem Park fand. *«Hö-*

Die fünf Asketen, die zuerst gemeinsam mit Gautama versucht hatten, die Wahrheit durch Kasteiung zu finden, und ihn dann verließen, werden in der Predigt von Benares wieder bekehrt (Borobudur, Java)

Als der Prinz während der Nacht heimlich den Palast verließ, hielten Götter ihre Hände unter die Hufe seines Pferdes, damit es kein Geräusch gebe und niemand erwache (Chinesische Seidenmalerei)

ret, ihr Mönche», sprach er, *«der Weg ist gefunden.»* Und er begann die Verkündigung seiner Lehre mit der berühmten Predigt von Benares:

«Erkennt, ihr Mönche, daß alles Dasein leidvoll ist. Geburt ist Leid, Altern ist Leid, der Tod ist leidvoll, leidvoll ist auch, mit jemandem vereint zu sein, den man nicht liebt, von jemandem getrennt zu sein, den man liebt, und das nicht erlangen zu können, was man wünscht. Der Ursprung des Leidens in der Welt ist der Durst nach Wiedergeburt, der Durst nach Befriedigung der fünf äußeren und inneren Sinne, der Durst nach dem Tod.»

Die Worte drangen, wie es heißt, wie Speere in das Herz der Mönche ein, aber statt sie zu töten, erfüllten sie sie mit Seligkeit. Mit ihnen lauschten Gazellen den wunderbaren Worten des Erleuchteten, die herbeigekommen waren und ihre Schnauze gegen die Wange des Erhabenen lehnten.

«*Was ist, ihr Mönche, der mittlere Weg*», fuhr der Buddha fort, «*. . . der zur Ruhe, zur Erkenntnis, zur Erleuchtung, zum Nirvāna führt?*

Vernehmt zuerst, daß er zwischen der Kasteiung und dem sinnlichen Leben liegt, erkennt dann, daß es ein achtfacher Weg ist: rechter Glauben, rechte Gesinnung, rechtes Reden, rechtes Handeln, rechtes Leben, rechte Absichten, rechtes Denken, rechte Meditation.

Das ist, o Mönche, die heilige Wahrheit vom Leid.

Das ist, o Mönche, die heilige Wahrheit von der Vernichtung des Leids.

Das ist, o Mönche, die heilige Wahrheit von dem Weg, der zur Vernichtung des Leids führt.

Das ist, o Mönche, die heilige Wahrheit vom achtfachen Pfad . . .»

Damit war das «*Rad der Lehre*» zu seiner ersten Drehung in Bewegung gesetzt. Es folgten 45 Jahre der Wanderschaft durch das nordwestliche Indien, in denen der Buddha seine Wahrheit verkündete. Eine ständig wachsende Schar von Schülern schloß sich ihm an, die ihn verehrten und mit Ehrennamen bedachten. Der Vollendete, der Heilige (*Arhat*), der Erhabene (*Bhagavat*), der Dorthingelangte (*Tathāgata*) nannte man ihn.

Es war eine Elite, nicht die Masse, der der Buddha seine Wahrheit geben wollte. Er wußte wohl, daß jahrtausendealte Traditionen, daß Aberglaube und Magie, daß die Furcht vor den Brahmanen eine Mauer zwischen ihm und den Menschen aufgerichtet hatten, denen er die Befreiung bringen wollte. So waren es zuerst vor allem Kshatriyas, Angehörige der Kriegerkaste, von der Bevormundung durch die Brahmanen weitgehend frei, die er zuerst für sich gewann. Auch einige Fürsten unterstützten die kleine Gemeinde, die sich um ihn gebildet hatte. Allmählich wurden die Widerstände geringer, und sogar einige Brahmanen, die ihm ursprünglich feindlich gesinnt waren, wie die Brüder Kāśyapa, bekehrten sich zu seiner Lehre. Nur seine eigene Familie hatte sich ihm noch nicht angeschlossen, als er auf Bitten seines greisen Vaters Śuddhodana 32 Jahre nach seinem Auszug wieder das Elternhaus besuchte. Seine Tante, die ihn erzogen hatte, seine Gattin Yaśodharā und sein Sohn Rā-

Die Erleuchtung (Khmer, 9. Jh.)

Māra versucht den Buddha durch sechs Mädchen, die vor dem Erleuchteten tanzen (Borobudur, Java)

hula beugten sich vor ihm und vernahmen seine Lehre vom Leid, von der Vergeltung allen Tuns und von der Befreiung im *Nirvāna.*

Bevor der Buddha für immer die Hauptstadt seiner Heimat verließ, rief er das ganze Volk in den Ruinen eines einstmals prächtigen Palastes zusammen und predigte ihm inmitten der eingestürzten Mauern, daß auch der hellste Glanz dieser Welt vergeht, verkündigte die vier heiligen Wahrheiten und gab den Menschen seinen Rat.

«Das sind die fünf Regeln für das tägliche Leben: Habt Mitleid und achtet auch das geringste Leben. Gebt und empfangt freimütig, aber nehmt nichts ungebührlich entgegen. Sagt niemals eine Lüge, auch dann nicht, wenn es die Situation zu entschuldigen scheint. Meidet Genußgifte, achtet eure Frauen und begeht keine unsittlichen Handlungen.»

Die Jahre vergingen. Schon war die Zahl der Anhänger, die mit ihm zogen, auf einige Tausend angewachsen. Während der Monsun-Monate unterbrachen sie ihre Wanderschaft und ließen sich gemeinsam in Hütten nieder, die sie selbst bauten oder die von den Fürsten geschenkt wurden, dort, wo es still genug war zur Meditation und nicht zu weit abseits der Städte, von denen man Nahrung

erhielt und in denen der Buddha vor einer größeren Zahl von Zuhörern reden konnte.

Der Buddha war inzwischen 80 Jahre alt geworden. Aber an Geist und Körper frisch und rüstig, schien ihm das Alter nichts anhaben zu können. Dennoch war die Zeit seiner Erdenwanderung abgelaufen. Bei einem Besuch in Kuśinagara, der Hauptstadt des Staates Malla in Nordwestindien, erkrankte er plötzlich, wie man vermutet, an einer Fleischvergiftung. Fieber befiel ihn, und er fühlte, daß er sterben würde. Liebevoll bereitete Ānanda, der Lieblingsjünger, das Lager für den Meister, der lächelnd zu ihm sagte: «*Maitreya, der künftige Buddha, der nach einigen tausend Jahren auf die Welt kommen wird, um mein Werk zu vollenden, wird auch seinen Ānanda haben.*» So erzählen spätere Texte.

Im Lotossitz setzte sich der Buddha auf das Lager. Sein Körper war schwach, aber sein Geist klarer denn je. Um ihn drängten sich seine Anhänger, die ihn all die Jahre lang begleitet hatten. Auch einige Neugierige aus den Dörfern waren gekommen und mischten sich unter die Gemeinde. Ein letztes Mal begann der Buddha zu sprechen. Die heiligen Texte haben uns überliefert, was er sagte:

«*Nichts ist in den sichtbaren und unsichtbaren Welten außer*

Die Predigt des Buddha

einer einzigen Macht, die ohne Anfang und ohne Ende ist und nur ihrem eigenen Gesetz untertan... Versucht nicht, seine Unermeßlichkeit mit Worten zu fassen... Wer fragt, irrt schon, wer antwortet, irrt ebenfalls... Erhofft euch keine Hilfe von den Göttern, sie sind wie ihr dem Gesetz des Karman unterworfen, werden geboren, altern und müssen sterben, um wiedergeboren zu werden. Sie können ihr eigenes Schicksal nicht wandeln. Erwartet alles nur von euch selbst. Vergeßt nicht:... jeder kann jene höhere Macht erlangen...»

Als der Buddha sah, daß Ānanda weinte, sagte er vorwurfsvoll: «*Wie kannst du nach allem, was ich dich gelehrt habe, dich noch so dem Schmerz hingeben? Ist es wirklich so schwer für einen Menschen, sich über alles Leid zu erheben?*»

Und er fuhr fort: «*Lasse dich nicht täuschen, Ānanda. Das Leben ist ein langer Todeskampf, es ist nichts als Leid. Das Kind hat recht, wenn es weint, sobald es auf die Welt gekommen ist. Das ist die erste Wahrheit.*»

«*Die zweite Wahrheit ist, daß das Leid aus dem ‹Durst›, der Begehrlichkeit, entsteht. Der Mensch hängt sich an Schatten... er stützt sich auf ein falsches Ich und richtet sich in einer bloß eingebildeten Welt ein. Wenn er stirbt, ist er gesättigt von einem vergifteten Trank und wird wiedergeboren, um von neuem von diesem Trank zu trinken.»*

«Die dritte Wahrheit sagt, daß es ein Ende des Leids gibt. Du wirst dieses Ende aber nicht finden, wenn du nicht alle Wünsche und Leidenschaften aus deinem Herzen verjagst ...» «Nun höre die vierte Wahrheit vom achtfachen Pfad zum Heil. Achte zuerst auf das Karman, von dem deine künftige Existenz abhängt. Sodann sorge dafür, daß du nur gute Gefühle hegst und deinen Zorn überwindest,

Der Buddha und die drei Brüder Kāśyapa (Afghanistan)

Als der Buddha achtzig Jahre alt war, legte er sich im Kreise seiner Schüler nieder und starb. Er ging, nachdem seine irdische Aufgabe erfüllt war, in das Nirvāna ein (Gandhara)

endlich bewache deine Lippen, als wären sie das Tor zu einem Königspalast, damit nichts Unreines über sie komme. Danach richte deine Handlungen so ein, daß das Übel bekämpft, das Gute gefördert wird. Hast du in Befolgung dieser vier Wege den Egoismus ausgerottet, den falschen Glauben, den Haß und die Verblendung, so wirst du in der nächsten Existenz fähig sein, die vier übrigen Stufen des achtfachen Pfades zu durchlaufen: rechtes Leben, rechtes Denken, rechtes Streben, rechte Versenkung. So wirst du ganz von selbst mit der Überwindung des Wunsches zu leben, den Himmel zu gewinnen, mit der Überwindung auch des Hochmuts, dich auf dem Weg zum Heil zu wissen, dem Nirvāna nahekommen . . .»

Als er fühlte, daß sein Leib kalt wurde, streckte er sich aus. Mit einer Gebärde schickte er die Umstehenden hinaus. Nur die durften bei ihm bleiben, die er für würdig befunden hatte, sein Werk fortzusetzen. Er rief ihnen die zehn Ordensregeln ins Gedächtnis, die Vorschriften für das tägliche Leben, die Kleidung, die Nahrung und die Meditation. Und noch einmal zeigte er ihnen, daß alles vergehen muß: *«Seht den Körper des Buddha»*, sprach er, *«auch er muß, wie alles, das entstanden ist, wieder vergehen ...»* Dann legte er sich auf die rechte Seite und versank in tiefe Meditation. Niemand bemerkte den Augenblick, in dem der Buddha aus der Versenkung in das ewige Schweigen des *Nirvāna* hinüberging.

Nach der Legende ereigneten sich während des Leichenbegängnisses wunderbare Dinge. Der Himmel erstrahlte, Sphärenmusik erfüllte den Äther. Der Scheiterhaufen, auf dem der Leichnam des Buddha verbrannt werden sollte, begann von selbst zu brennen und erlosch nach einer Weile ganz plötzlich, während herrliche Düfte die Luft erfüllten. Die Könige Indiens stritten darum, wer die Asche des Buddha bewahren dürfe, und fast soll es darüber zum Kriege gekommen sein. Da war es ein Brahmane, der die Friedensworte sprach: «Sieben Stūpas [1] soll man bauen, vierzig Ellen hoch, in denen sieben Könige die Reliquien Buddhas bewahren können ...»

---

1 *Große Reliquiendenkmäler in Halbkugelform*

Der Buddha erklärt seinen Schülern die Lehre (Amarāvatī, Indien, 2. Jh. n. Chr.)

DIE ALTE SCHULE DER WEISHEIT

Die buddhistische Lehre

«Der Buddha kann euch nur den Weg zeigen, an euch liegt es, das Ziel zu erreichen.»
(Dhammapada)

Wir haben schon in der Betrachtung des vorbuddhistischen Indien und der Lebensgeschichte des Buddha in den Legenden einiges über den Inhalt der buddhistischen Lehren gesagt. Wir müssen jetzt die wichtigsten Punkte der Lehre schärfer umreißen. So ausgewogen diese Lehre auch ist, darf doch niemand eine bis ins Letzte logische Konstruktion, ein cartesisch-mathematisches Gedankengebäude erwarten.

Nachdem die Lehre die Grenze Indiens überschritten hatte, ist sie in vielfacher Form weitergebildet und verändert worden. Auch weichen die einzelnen buddhistischen Schulen und Kommentatoren in der Beurteilung einzelner Punkte voneinander ab, so daß wir Abendländer oft den Eindruck gewinnen, uns hier auf schwankendem Boden zu bewegen.

Die Buddhisten des Ostens selbst empfinden viele Widersprüche nicht und halten für Tiefsinn, was uns unklar erscheint. Sie schätzen nicht nur die Worte des Buddha hoch, sondern auch sein Schweigen, das er einigen Fragen gegenüber bewahrte. Schließlich muß noch gesagt werden, daß es nicht möglich ist, in allen Einzelheiten zu unterscheiden, was der Buddha selbst gelehrt hat und was später von den Konzilien und den buddhistischen Gelehrten hinzugetan wurde. Wie wir Einzelheiten aus dem Leben Buddhas nicht genau wissen, sondern nur durch die späteren Texte und Legenden, so können wir auch nicht beweisen, welche der ihm zugeschriebenen Worte er wirklich selbst gesprochen hat, da er keine Aufzeichnung hinterlassen hat, sondern alles nach langer mündlicher Überlieferung erst Jahrhunderte später aufgeschrieben wurde. Allein die Tradition verbürgt, daß der Buddha wirklich gelebt und seine Lehre verkündet hat. Daneben müssen wir denen vertrauen, die die heiligen Texte dann niedergeschrieben haben. Es muß ferner betont werden, daß auch der durch die ältesten Texte belegte Buddhismus sehr wahrscheinlich nicht völlig identisch mit dem Urbuddhismus war, mit jenen Lehren, die der Buddha selbst gepredigt hat und seine Zeitgenossen vernahmen. Freilich scheint sicher, daß die Lehre in allen wesentlichen Punkten auf den Buddha zurückgeht, so wenig das im einzelnen zu beweisen ist. Wir werden nun an Hand der Literatur der Lehre im einzelnen nachgehen, ohne uns bei den Meinungen einzelner Schulen aufzuhalten.

Die Grundlagen der Lehre

Der *Dharma* (die eigentliche Lehre) geht von sehr alten Fragen über den Menschen aus, von der Frage über sein Dasein, die Überwindung der Welt und ein Weiterleben nach dem Tode. Obwohl der Buddhismus weiter vorstieß als die älteren Lehren, hat er sich dennoch enthalten, das geistige Reich genau zu definieren, sondern sich vielmehr um den Zutritt dazu bemüht. Er forderte

a) ein Mißtrauen gegen die Sinneserfahrung bis zur Leugnung, etwas durch die Sinne real erfahren zu können;

b) den Verzicht auf den Glauben, daß es etwas Bleibendes gäbe, und auf den Wunsch, sein Herz an irgend etwas zu hängen;

c) die Anerkennung, daß alles Geschaffene gleichen Ursprungs und gleicher Art sei.

Die buddhistische Lehre ist also im Grunde kein Dogma, sondern vielmehr nur ein Weg, eine psychologische Einstellung zu gewissen Grundfragen des Daseins. Das erfordert natürlich eine starke Disziplin nicht so sehr zum Zwecke der Selbstbeherrschung als zur Erlangung der Befreiung.

Der Buddha sagt: *«Die Lehren, die zur Leidenschaftslosigkeit und nicht zu den Leidenschaften führen, zur Befreiung und nicht zum Anwachsen der Gefühle, zur Mäßigung und nicht zur Begehrlichkeit, zur Einsamkeit und nicht zur Geselligkeit, zur inneren Kraft und nicht zur Trägheit, zur Freude am Guten und nicht zur Lust am Bösen, diese Lehren sagen euch sicher: das ist richtig, das ist die Disziplin, das ist die Botschaft des Meisters.»*

Die buddhistische Gedankenwelt ist, wie es scheint, auch auf schon lange vorher von den Yogins gelegten Fundamenten erwachsen. Diesen bedeutete die Welt wenig. Was sie für wichtig hielten, waren allein die geistigen und inneren Welten, die für sie eine Realität darstellten. Die Erkenntnis dieser übersinnlichen Welt schloß natürlich für die Yogins eine mystische Macht ein. Mit dem Wissen um die Struktur der übersinnlichen Welt war für sie eine Beherrschung der Natur verbunden, teils, um die Befreiung zu erlangen, aber auch um vor den anderen magische Künste zeigen zu können.

Aber auch die Yogins zeigen nur eine Möglichkeit der im Orient entwickelten spirituellen Methoden. Man kann in der Tat nicht abstreiten, daß Asien, insbesondere Indien, schon eine lange Erfahrung in der Beschäftigung mit dem Spirituellen hatte, als man in Europa noch völlig im Dunkeln tappte.

Der Abhidharma (der erweiterte *Dharma*) ist nichts anderes als der literarische Kanon der Buddhisten, der die eigentliche im *Sūtrapitaka* (Korb der Lehrreden Buddhas), dem Kern des Kanons, enthaltene Lehre erweitert und scholastisch erläutert. In den kanonischen Schriften sind die verschiedensten Bestandteile nichtbuddhistischer Lehren zu finden, uns begegnet manches auf den alten philosophischen Systemen. Aber alle Widersprüche werden von drei Begriffen überbrückt: einer hohen Moral, der Weltabwendung durch die Meditation und einer hochentwickelten Psychologie.

Man findet in den Schriften beispielsweise Spuren des *Vedānta*, Gedanken, die einem schon in den *Brāhmanas* und den *Upanischaden* begegnen, und die ganze Technik der Meditation ist ja schließlich vom Yoga übernommen. Der alten Medizin verdankt der Buddhismus die Methode und die Terminologie seiner Diagnose vom Übel in der Welt, die Vorstellung von den fünf *Skandhas*, aus denen der Mensch sich zusammensetzt: dem Körperlichen, den Gefühlen, den Wahrnehmungen, den moralischen Triebkräften und dem Bewußtsein.

Doch brauchen diese Feststellungen nicht zu stören, denn zwischen verschiedenen Religionen gibt es oft Übereinstimmungen und Ähnlichkeiten. So unterscheiden sich die katholische Mystik kaum vom Jainismus und die alten christlichen Eremiten so gut wie nicht von den buddhistischen Asketen.

Man kann sagen, daß der Buddhismus einen großen Teil seiner geistigen Grundlagen vom Brahmanismus übernommen hat. Seine eigene Zutat ist im wesentlichen die Bedeutung, die er den Menschen selbst bei der Erlangung des Heils zuerkennt, ohne daß es dazu der Vermittlung durch eine Gottheit bedarf. Durch den Sturz der vedischen Götter war zudem der Boden schon vorbereitet, ebenso durch die Vorstellung, daß die Stellung der brahmanischen Götter nur eine zeitlich begrenzte, keine ewige sei. Wie Nietzsche hätte der Buddha sagen können: «Die Götter sind tot, es lebe der Mensch.» Selbst die Götter waren ja, wie Brahmanismus und Buddhismus lehren, der Seelenwanderung unterworfen und konnten sich nach der Lehre des Buddha auch nur durch das Eingehen ins *Nirvāna* daraus befreien. Trotz der weitgehenden Übereinstimmungen mit dem Brahmanismus hat der Buddhismus mit vielen Vorstellungen seiner Zeit gebrochen. So hat sich der Buddha niemals auf das *Brahman* bezogen, er hat auch den *Ātman* nicht erwähnt und kennt natürlich auch kein Eingehen des *Ātman* in das *Brahman*. Während die Brahmanen, die auch die Realität der Welt ablehnen, die einzige Realität im *Ātman-Brahman* sehen, sieht der Buddhist diese Realität im Leiden, im *Nirvāna* bzw. in den *Dharmas*, den letzten monadenartigen Teilen, aus denen sich alles, Geistiges wie Körperliches, zusammensetzt. Wir werden darüber noch zu sprechen haben.

Für die Buddhisten war, wie gesagt, die Befreiung allein vom Tun eines jeden Einzelnen selbst und nicht von der Mitwirkung vermittelnder Priester abhängig. Die Verrichtung bestimmter Riten hatte keinen Einfluß auf die Gestaltung des *Karman*, von dem die nächste Wiedergeburt abhing. Es bestand im Buddhismus zunächst überhaupt kein Bedürfnis nach irgendwelchen Zeremonien. Auch die Tieropfer wurden nicht anerkannt, ja, sogar zur Sünde erklärt.

So gesehen stellt der Buddhismus bei allen Rückgriffen auf schon bestehende Lehren und Gedanken durchaus etwas Neues dar. Freilich sollten die Übereinstimmungen mit dem Brahmanismus und die wenig feste Form, die die buddhistische Lehre als Religion hatte, sowie der Mangel an kultischen Zeremonien ihm später in Indien zum Verhängnis werden, da er mit dem sich wieder festigenden Brahmanismus nicht mehr konkurrieren konnte. Dieser hatte, was dem Buddhismus fehlte: die Geschlossenheit, die Egozentrizität, das reiche Zeremoniell.

Dieser Glaube an die Macht des Ritus war es, den Buddha gefürchtet hatte. Würde er ihn so bekämpfen können, daß er später nicht wieder um so stärker auferstünde? Und resignierend soll sich der Buddha gesagt haben: Die Masse ist ohne Einsicht, sie bleibt dem Aberglauben verschworen und richtet sich nach dem, was irgendein dunkles Gefühl ihr eingibt.

Man hat dem Buddhismus oft eine bewußte Bekämpfung der Brahmanenkaste unterschoben, in Wirklichkeit sind die Brahmanen deshalb immer einflußloser geworden, weil die buddhistischen Lehren den Menschen auf eine geistige Grundlage stellten und unabhängig von der Kastenordnung machten. Für den Buddhismus ging es nicht um das Heil einer Klasse oder sonst einer Gruppe, sondern um die «Befreiung» des Menschen.

Auch die These vom «Pessimismus des Leidens» ist ein oft gehörter Vorwurf gegen den Buddhismus. Wir werden darauf noch zurückkommen, aber schon jetzt sei gesagt: der Buddhismus ist viel weniger negativ, als es den Anschein hat. Man blicke nur auf die tiefe geistige Heiterkeit, die den rechten Buddhisten erfüllt, man mache sich klar, daß die Lehre des Buddha doch in Wirklichkeit das erdrükkende Gewicht der Vorbestimmtheit von dem Menschen genommen, ihm den Schlüssel zum Heil in die Hand gegeben hat, ihn zum Herrn seines eigenen Schicksals machte. Mit Recht konnte der Buddha sagen: *«Vernehmt, die Befreiung vom Tode ist gefunden.»*

Der Buddhismus und das Göttliche

Der Buddhismus kennt zwar Götter als dem *Samsāra,* dem Kreislauf der Existenzen, unterworfene (endliche) Wesen, jedoch keinen Gott als oberste Weltinstanz, jedenfalls nicht der unverfälschte Buddhismus. Aber ist der Buddhismus dann überhaupt eine Religion? Gehört nicht zu unserem Begriff von Religion das Göttliche oder Gott unabdingbar dazu?

Es mag zunächst genügen, hier die Antwort zweier bedeutender lebender Buddhisten aus Burma wiederzugeben: «Die Lehre des Buddha ist keine Religion, sondern eine Weise zu leben», meinte der

Der Lotos, der sich unbefleckt über dem Wasser erhebt, ist das Symbol der höchsten Reinheit (Chinesisches Gemälde)

Mönch U Thittila, während der Abt Maung Ji sagte: «Der Buddhismus ist eine demokratische Religion, und er wird eines Tages vielleicht die Weltreligion sein...»

Wenn der alte Buddhismus auch das Zeremoniell mißachtete, so braucht man ihm dennoch nicht den Rang einer Religion abzusprechen, obwohl die «religio» im Buddhismus keine «Bindung des Menschen an Gott», sondern eine solche zwischen den Mitgliedern der Gemeinde war. Eines ist jedenfalls sicher: alle theistischen Anspielungen in der Lehre sind unecht. Der Buddha hat jedoch das Göttliche nicht verurteilt, nicht einmal den Glauben an übersinnliche Mächte, aber er hat es ignoriert; er hat es abgelehnt, auf die Frage danach zu antworten. Auch Himmel und Hölle sind für den Buddha nur Vorstellungen für die geistig noch nicht so weit Fortgeschrittenen. Für die anderen sind sie bloße Zustände des Bewußtseins. Man denkt hier unwillkürlich an Sartres «Huis-Clos».

Es gibt also keine Erlösung und auch keinen Erlöser, auf den man wie auf einen Sündenbock die Sünden der Welt laden kann, es gibt nur die leidvolle Kette der Wiedergeburten und die Befreiung daraus aus eigener Kraft als Eingehen in das *Nirvāna*. In einem Gespräch mit Sudatta erklärt der Buddha, daß für ihn die Frage nach der Schöpfung der Welt durch einen Īśvara, einen Schöpfergott, nicht existiere, daß sie auszuklammern sei, wie wir heute sagen würden. Für ihn ist erwiesen, daß auch die Götter sich nur «befreien» können, wenn sie den Zustand des Menschen, besser noch den eines Bhikku, eines Mönchs, durchlaufen.

Ein Gott ist für den Buddha eine zwar angenehme, aber nur vorübergehende Existenzform, eine Etappe auf einem Wege. Daher nannte der Buddha sich «Lehrer der Götter und Menschen».

Viel höher als ein Gott steht dem Buddha der *Arhat*, der Heilige, weil der bereits das — wenigstens vorläufige — Ziel des Heilsweges erreicht hat, vor dem endgültigen Eingehen in das *Nirvāna*. Der Buddha selbst war solch ein Heiliger, bevor er die Erleuchtung erlangte.

Wir werden später sehen, daß es eine niedere und eine höhere Lehre gibt, erstere für die Laien, die andere, strengere, für die Mönchsgemeinde. Ein reines Leben und reine Gedanken, das ist die einfachste Grundlage der Lehre, heißt es doch: «*Wer nach der Wahrheit strebt, wer Mitleid hat, wer seine Leidenschaften zügelt und seinen Zorn, der hat die beiden Welten erkannt.*» Der Weg zur «Befreiung» geht von hier aus. Für die, die ihn gehen wollen, die Mönche, gilt dann ein Moralkodex, der sich auf dem einfachen Gesetz von der Kausalität aufbaut. Alle Handlungen und Unterlassungen sind dem einen Zweck untergeordnet, durch Überwindung des Nichtwissens, wie es heißt und noch erläutert werden wird, die Kette der Wiedergeburten zu durchbrechen und die «Befreiung» zu erlangen.

Die Theorie vom Leiden

Die ganze Lehre des Buddha gründet auf dem Satz von der Leidhaftigkeit des menschlichen Daseins. Das war das wirklich Neue. Nie hatte der Brahmanismus sich klargemacht, daß die Seelenwanderung mit der ewigen Wiederkehr der irdischen Mühsal identisch ist und daß die Tatsache der Existenz das Lösegeld für eine neue, irdische, himmlische oder höllische Existenz darstellte. Es ist keineswegs so, daß der Buddha aus dem, was bloß eine traurige Feststellung war, eine metaphysische Idee gemacht hat. Mit aller Schärfe zeigte er den Menschen vielmehr auf, daß die Geburt der Ursprung allen Leidens in der Welt ist. Ist es nicht leidvoll, fragt der Buddha, daß auch der blühendste Körper am Ende verfallen muß, daß einem mit Sicherheit genommen wird, was man erwarb und was einem lieb ist, daß sich die Wünsche, die wir haben, nicht erfüllen, daß alles das, was wir für fest und dauerhaft halten, sich als in ständigem Wechsel befindlich erweist und wir also dauernd im Irrtum leben? Und schließlich der Tod mit der abscheulichen Aussicht, daß alles das wiederkehrt.

Der Vedismus, die älteste Religion der arischen Inder, hatte an ein Reich geglaubt, in dem die Menschen nach dem Tode belohnt oder bestraft würden. Der Brahmanismus glaubte an die Seelenwanderung mit der Möglichkeit, schließlich die Vereinigung des Ich, des *Ātman*, mit der Weltseele, dem *Brahman*, erlangen zu können. Weder Vedismus noch Brahmanismus aber hatten die Frage nach der Existenz gestellt: jede Wiedergeburt legt den Grund zu neuem Leid, es nützt wenig, ob man selbst gut oder schlecht ist, da das Dasein an sich schlecht ist. Allzu leicht vergißt man das Übel und sieht nur die wenigen Freuden, die das Dasein bietet. Bis der Tod kommt und man erkennt: man hat seine Zeit schlecht genutzt und ist nun neuem, womöglich noch größerem Übel in einem neuen Dasein ausgeliefert.

Der Buddhismus mußte also den Menschen die Wahrheit zeigen, daß nämlich das Leben viel weniger angenehm ist, als sie sich einbilden. Er mußte ihnen klarmachen, daß dieses Leid ein viel tieferes ist als bloßes Mißvergnügen, Enttäuschung oder Unbefriedigtsein. Er deckte die Ungewißheit des Daseins auf, die Lebensangst, die Hinfälligkeit alles Bestehenden, die Illusion, die sich der Mensch von seinem Dasein und von der Welt macht. Nachdem der Buddha so das Übel umrissen hatte, deckte er dessen Mechanismus auf.

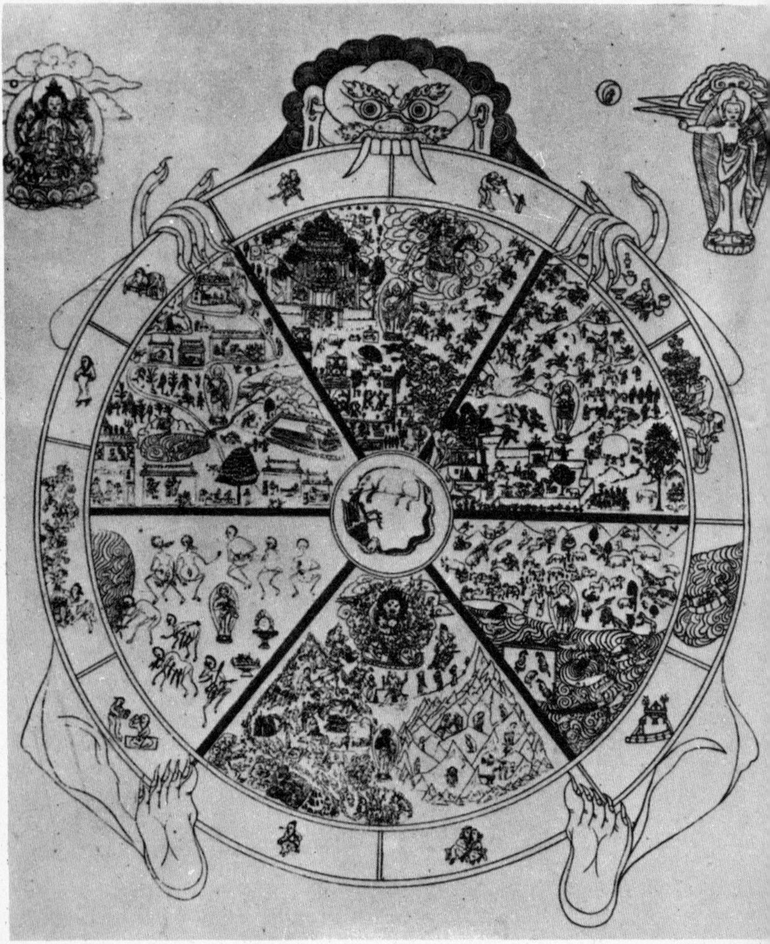

Das Rad des Werdens (Bhavaca Kr a). In der Mitte die drei Ursachen des Leids, dann die sechs Möglichkeiten der Wiedergeburt, im äußeren Ring die zwölf Etappen des Menschenlebens (Chinesisch-tibetisches Gemälde)

Die Grundursache des Leidens ist der «Durst», die ganze menschliche Begehrlichkeit, das Streben nach Genuß, Leistung, Macht, Besitz. Die zweite Ursache ist das Unvermögen, sein Ich zu beherrschen. Wie erniedrigend ist es, daß der Mensch nicht mit seinem Zorn, seinen Süchten, seiner Unbeherrschtheit fertig wird! Was nützt es, wenn er einen Feind besiegt, da dieser Sieg doch nur Rache und neuen Streit herausfordert, was nützt es, über jemanden zu urteilen, da dieses Urteil doch unzureichend ist, weil man nicht alle Umstände kennen kann, was ist die beste Mahlzeit wert, wenn auf sie der Überdruß folgt und die herrlichste Speise am Ende zu Kot wird?

Diese Feststellungen führen zur dritten Ursache, der Unwissenheit über den wahren Zustand der Welt und des Daseins. Denen, die fähig sind, zu denken, will der Buddha die Gefahr vor Augen führen, in der sie sich befinden, in dem sie willentlich oder fahrlässig ignorieren, nicht wissend, daß das irdische Leben nur ein trauriger Aufenthalt ist. Dem Schwein gleich, das den Rüssel zur Erde trägt, laufen viele Menschen durchs Leben, ohne den Himmel über sich zu sehen. Diese Unwissenheit könnte man die eigentliche Ursünde nennen, denn sie bildet letztlich den Anfang jener Kausalkette, die zum «Durst», zur Wiedergeburt und zum Leiden führt.

Immer wieder erklärt der Buddha die Leidhaftigkeit der Existenz und die Ursachen dieses Übels. Er will die Illusion ausrotten, das für beständig zu halten, was nur von kurzer Dauer ist, den Erscheinungen zu trauen, die an der wahren Wirklichkeit keinen Anteil haben. Der Buddha nähert sich hierin den *Upanischaden*, für die die leiblichen Personen und die ganze Sinnenwelt überhaupt auch nur Erscheinungen ohne wirkliche Realität sind, eine Illusion, *Māyā*, die unsere Sinne uns vortäuschen. Wäre der Buddha ein Anatom gewesen, so hätte er sicher zum Beispiel des ständigen Wechsels in dem, was uns eine feste Einheit erscheint, den menschlichen Körper genommen, in dem sich ständig neue Zellen bilden, während andere vergehen.

Aber die Verurteilung der Existenz war nur gerechtfertigt, wenn als Gegengewicht eine neue Perspektive geboten wurde. Indem der Buddha alle Metaphysik in das Reich der Spekulation, des Unerfahrbaren, verbannte, eröffnete er die Möglichkeit für eine reale Lösung, die jedem Menschen erreichbar ist.

Als sich ein Schüler wunderte, daß der Buddha nichts über den Ursprung der Welt sagen wollte, antwortete der Vollendete: *«Die Kenntnis aller dieser Fragen ist ohne Nutzen auf dem Weg zur Heiligkeit und zum Frieden. Nützlich ist allein, was ich euch lehre: die Wahrheit über das Leid, seine Ursachen und seine Aufhebung.»*

Der Buddha war sich durchaus im klaren, daß die Behauptung, das Leben sei im Grunde nichts wert, nicht mit Beifall aufgenommen würde, sagt er doch: *«Es ist schwierig, Pfeil auf Pfeil auf ein entferntes Ziel abzuschießen und niemals zu verfehlen. Noch schwieriger ist es, mit der Spitze eines hundertfach gespaltenen Haares ein anderes hundertfach gespaltenes Haar zu durchbohren. Aber unend-*

lich schwieriger noch ist es, zu begreifen, daß das, was existiert, schlecht ist, Gegenstand und Ursache von Leiden.»

Die Masse gibt sich gern mit dem gegenwärtigen Leben und der Aussicht auf noch weitere Existenzen zufrieden, findet sie sogar schön. Sie fühlt keine Abscheu davor, von neuem geboren zu werden, und verlangt nicht nach einer Erlösung aus dem Kreislauf der Existenzen. Die Menschen brachten daher zunächst der Lehre des Buddha einigen Widerstand entgegen.

Diese Geisteshaltung der Unbekümmertheit um die «Befreiung» herrscht besonders unter den Völkern Südostasiens. Die Chinesen, die Malayen, die Thais, die Singalesen sind von Natur aus fröhlich. Bei ihnen, obwohl nominell Anhänger des Buddhismus, bleibt die «Befreiung» dann auch nur denen vorbehalten, die in das Kloster gehen, die anderen, die die Mönche nach der Vorstellung des Buddhismus versorgen, ihnen Nahrung und Obdach geben, erwarten sich davon lediglich eine möglichst glückliche neue Existenz. Der Buddhismus hat dann auch in diesen Ländern jene Veränderungen durchgemacht, nach denen der Vollendete nicht mehr als ein geistlicher Lehrer und Führer angesehen wurde, sondern als ein vom Himmel auf die Welt gekommener Befreier, der die Last der Menschen auf sich nahm. Man fiel in den reinen Theismus zurück, in eine Zeremonienreligion, sogar in Magie.

Im Gegensatz dazu scheint den Völkern des Nordens, die ein härteres Leben zu führen gewohnt waren, der Buddha als «einer, der erleuchtet», vorgekommen zu sein. Sie glaubten, daß die «Befreiung» von dem, der sie wolle, erlangt werden könne, wenn er nur der Lehre des Buddha folgte. Als im Süden die Massen den Buddhismus den Mönchen überließen, fand im Norden eine religiöse Offensive statt, in deren Verlauf alle Lokalmythen und magischen Vorstellungen, die der Buddha hatte ausrotten wollen, in den Buddhismus eindrangen. Die Glaubenseinfalt mußte abstrusen Vorstellungen und einem pomphaften Kult weichen.

Wenn wir von buddhistischer Psychologie sprechen, so meinen wir damit keine Wissenschaft, die das Funktionieren der Psyche, ihre Störungen oder die Entwicklung des Bewußtseins betrachtet. Für den Buddha konnte es eine solche Wissenschaft gar nicht geben, da er ja keine Seele anerkannte, sondern nur den ständig fließenden Strom jener letzten Moleküle, aus denen auch alles Geistige besteht, und die der Buddha *Dharmas* nannte. Sie entstehen und vergehen in jedem Augenblick und haben praktisch keine Dauer, ähnlich den Bildern auf einem Film. Unter buddhistischer Psychologie müssen wir also vielmehr eine Art Dialektik verstehen, der eine psychologisierende Tendenz innewohnt. Sie wirft Fragen auf, ohne eine Antwort geben zu wollen. Sie stellt keine Spekulationen an, sondern hat eine rein praktische Absicht. Immer wieder weist der Buddha auf die Nutzlosigkeit gewisser Fragen hin, wenn nicht sogar auf die Gefahren, die sie mit sich bringen. An der folgenden Parabel vom Pfeil erklärt er dies einmal:

«Ein Mann wird von einem vergifteten Pfeil getroffen. Was würde wohl geschehen, wenn der Verletzte sagte: ‹Ich will meine Wunde nicht behandeln lassen, ohne daß ich weiß, wer auf mich geschossen hat, ob es ein Brahmane, ein Kshatriya, ein Vaiśya oder ein Śūdra war. Ich will mich nicht gesund pflegen lassen, ehe man mir sagt, aus welcher Familie der kam, der auf mich schoß, ob er groß oder klein oder von mittlerer Statur war und aus welchem Holz der Bogen war.› — Ein solcher Mann würde an seiner Verletzung sterben.»

Und der Buddha fügt hinzu, es sei doch ganz unnötig, zu wissen, wer der Arzt sei und woher er käme, wenn er einen nur heilen könne.

Die Lehre des Buddha ist also keine Theorie, sondern mehr eine praktische Therapie, eine Heilmethode, die die Menschen von einer Art Krankheit befreien möchte. Man könnte nämlich fast sagen, daß der Buddha die ganze Menschheit für krank hält, weil sie nicht einsieht, wie das Dasein wirklich ist, und zu welchem Ziel sie gelangen soll.

Es ist, mit anderen Worten, der Dualismus des Denkens, der diese Krankheit darstellt, jener Mangel an gültiger Erkenntnis, die Unwissenheit. Die Unzulänglichkeit unserer Wahrnehmung zeigt sich schon in der Teilung der Erfahrung in Subjekt und Objekt, in einen, der denkt oder beobachtet, und in das Gedachte oder Beobachtete.

So ist für den Buddha durch die Macht der Tatsachen immer mehr ein Begriff in den Mittelpunkt gerückt: das Ich. — Um zeigen zu können, daß die Wurzel allen Übels in der Welt im Begehren, in einer gewissen Ich-Sucht liegt, mußte er nachweisen, daß das Ich in Wirklichkeit illusorisch ist. Der Beweis, daß es ein Ich in Wirklichkeit nicht gibt, ist dann die Lösung des Problems vom Dasein.

Zuerst macht der Buddha klar, daß das, was wir Ich nennen, eigentlich nur eine Abstraktion unseres Gedächtnisses ist, die Summe der darin registrierten Erinnerungen, und daß es uns seine Kontinuität nur vortäuscht. Das einzig gültige Ich ist das des Augenblicks, der unmittelbaren Erfahrung. Nur in der Identität mit den gegenwärtigen Gedanken gibt es ein Ich. Es hat keinen Zweck, in die Vergangenheit zu gehen und etwa dem Ich bis zu Adam und Eva nachzuspüren, denn dadurch, daß man weiß, wie sich eine falsche Erfahrung gebildet hat, wird diese Erfahrung nicht richtig. Die buddhistische Heilmethode besteht also auch darin, die Vergangenheit als Abstraktion anzusehen.

Aber würden wir uns nicht, wenn es kein Ich gibt, womöglich nur um so mehr auf die einzelnen Sinneseindrücke verlassen? Wie der Atem, der Kreislauf, die Verdauung und andere Vorgänge im Körper sich von selbst abwickeln, ohne daß das Bewußtsein daran beteiligt ist, so kann man auch annehmen, daß wir auf der psychischen Ebene intuitiv in gewissen Augenblicken ganz aus dem Unbewußten heraus handeln, und vielleicht sogar bedeutende Erkenntnisse gewinnen.

Hier liegt der Schlüssel des ganzen Problems. Für uns im Westen ist das Individuum, das Ich, real. Es beobachtet, nimmt wahr und handelt in der Welt seiner Erfahrung. Für den Buddhisten kann eine Hand nicht sich selber ergreifen. Das Ich als bloße Abstraktion kann weder handeln noch wahrnehmen oder irgendwelche psychischen Anlagen betätigen. Aber hier wie dort hat die Verbindung des Bewußtseins mit dem Unbewußten ihre Früchte getragen. Wir vertrauen in erster Linie dem Bewußtsein. «Der Orient vertraut dem Unbewußten, dessen Weisheit er in ihrer ganzen Tiefe ausschöpfen will.»

Die Kausalkette

Nach dem Buddha ist der Mensch eine Verbindung aus fünf Grundelementen, den bereits erwähnten fünf *Skandhas*. Es sind die fünf Gruppen von *Dharmas*, die das Körperliche bilden, den Bereich der Gefühle, die Wahrnehmungen und Vorstellungen, die Triebkräfte und das reine Bewußtsein. Nichts an ihnen ist beständig, sondern auch sie sind, da sie ja *Dharmas* sind, in unaufhörlichem Wechsel begriffen. Diese fünf *Skandhas*, insbesondere das vierte, die Triebkräfte oder *Samskāras*, erzeugen nun in Verbindung mit anderen

Dharmas jene verhängnisvolle Kausalkette, die zur Wiedergeburt und zum Leid führt. Diese Kausalkette hat in der Formel vom «Entstehen in Abhängigkeit» (*Pratītya-samutpāda*) ihren dogmatischen Ausdruck gefunden.

Am Anfang dieser Kette steht das Nicht-Wissen (*Avidyā*). Es erzeugt die Triebkräfte (*Samskāra*), diese wiederum bringen das Bewußtsein (*Vijnāna*) hervor, den geistigen Keim einer neuen Persönlichkeit. Das Bewußtsein ist die Ursache für eine neue Persönlichkeit, «Name und Gestalt» (*Nāma-rūpa*) einer solchen. Hieran schließt als nächstes Glied der Kette die Entstehung der «sechs Sinne», durch die wir mit der Außenwelt in Verbindung stehen. Diese sechs Sinne (*Śadāyatana*) sind unsere fünf Sinnesorgane und das sogenannte Denkorgan. Durch den Kontakt mit der Außenwelt bildet sich dann der *Dharma* «Berührung» (*Sparśa*), die ihrerseits die «Empfindung» (*Vedanā*) hervorruft. Die Empfindungen sind schuld, daß der «Durst» (*Trishnā*) entsteht, das sinnliche Begehren, der Wunsch nach Wiedergeburt und irdischer Dauer, der den «Lebenshang» (*Upādāna*) begründet, was dann zum «Werden» (*Bhava*), der Begründung einer neuen Existenz, führt, zu «Geburt» (*Jāti*) und «Altern und Tod» (*Jarā-marana*).

Diese zwölffache Kausalkette stellt ohne Zweifel den Kern der buddhistischen Lehre dar. Wenn auch von den einzelnen Schulen vielfach kommentiert, leicht abgewandelt und dialektisch durchdiskutiert, geht sie doch im ganzen auf den Buddha selbst zurück. Das Sein, so wie es uns erscheint, existiert in Wirklichkeit nicht. Es ist keine geschlossene Einheit, sondern eben nur eine wechselnde Verbindung von *Dharmas*. Wir hatten bereits einmal diese Fluktuation der *Dharmas* mit den Bildern eines Films verglichen, deren jedes mit einem vorausgehenden zusammenhängt und ein folgendes nach sich zieht. Wie beim Film hat nur das Bild beziehungsweise der *Dharma* Wirklichkeit und Gültigkeit, der gerade da ist, beziehungsweise das gerade vor dem Lichtkegel des Bildwerfers liegt.

Der Hauptirrtum, dem die Menschen unterliegen, besteht also darin, zu glauben, daß es in der Welt etwas Dauerhaftes gibt. Um klarzumachen, daß es kein Ich gibt, sagte der Buddha zu den fünf Mönchen, die seine ersten Schüler waren: *«Der Körper ist nicht das Ich, die Empfindung ist nicht das Ich. Die Wahrnehmung ist nicht das Ich, die Triebkräfte sind nicht das Ich, und auch das Bewußtsein ist nicht das Ich. Wer dieses erkennt, empfindet keinen Körper mehr, kein Gefühl, keine Wahrnehmung, keine Triebkräfte und kein Bewußtsein. Einer, der so unempfindlich geworden ist, ist auch befreit. Und in der Befreiung kommt ihm dann die Erkenntnis: ich bin befreit. Und er weiß: fortan gibt es keine Wiedergeburt . . .»*

Eine Seele in unserem Sinne gibt es für den Buddha nicht. Das, was wir Seele nennen würden, was die Gefühle, die Geistes- und Willenskräfte vereinigt, ist nach dem Buddha in Wahrheit nur ein fließender Strom (von *Dharmas*), dessen Fließen wir freilich nicht wahrnehmen können, weil die Veränderung zu schnell vor sich geht. Dieses ständige Sich-Wandeln dessen, was wir Seele nennen würden, entspricht den sich in jedem Augenblick vollziehenden Veränderungen im Körper. Die moderne Psychologie hat übrigens bestätigt, was der Buddha schon vor zweieinhalb Jahrtausenden hierüber lehrte. Anstelle eines zusammenhängenden, festen Ichs gibt es also sozusagen nur eine unendliche Zahl von Augenblick-Ichs. Aber keines von ihnen ist das wirkliche Ich, und auch sie alle zusammen bilden es nicht. Der Buddha dachte hier ganz radikal. Er leugnete das Vorhandensein eines Ichs oder einer Seele, sei es als Substanz oder auch als geistiges Gebilde von Dauer. *«Es wäre besser, ihr Schüler»*, sagte er einmal, *«ihr würdet den Körper, wenn überhaupt, für das Ich halten als etwas Geistiges. Denn der Körper hat wenigstens für eine kurze Zeitspanne Bestand. Aber alles Geistige entsteht und vergeht in einem Augenblick ... Wie ein Affe sich im Walde von Baum zu Baum schwingt, einen Ast ergreift und wieder losläßt, um einen neuen zu packen, so entsteht und vergeht das Geistige und das Denken.»*

Diese Vorstellungen vertrugen sich natürlich nicht mit der brahmanischen Idee von *Ātman-Brahman;* denn auch das Universum war natürlich nach dem Buddha im Letzten nur die Summe aller *Dharmas*, und alles in ihm scheinbar Feste befand sich in dauernder Wandlung. Dieser ganze Ozean der Vergänglichkeit aber ist für den Buddha ein Ozean immer neuen Leidens bis in die Unendlichkeit.

Gegen die Leugnung einer Seele wäre an sich nichts einzuwenden, würde nicht das Problem der Wiedergeburt bestehen, das man sich zunächst doch kaum anders deuten kann als so, daß sich eine Seele immer wieder in neuen Körpern inkarniert. Da es nach der Lehre Buddhas keine Seele gibt, kann somit die Seelenwanderung, als die man die Wiedergeburten auch bezeichnet, keine Reinkarnation sein. Aber was ist es dann, was die eine Existenz mit der anderen verbindet, da doch das in einer früheren Existenz erworbene *Karma* eine neue Existenz begründet? Ist es etwas, was sowohl mit dem Körper des früheren Lebens verbunden war wie mit dem des folgenden? Ist, mit anderen Worten, die eine Kreatur dieselbe wie die andere? Wie es der Buddha auch sonst abgelehnt hat, Fragen der Metaphysik zu

«In der Befreiung bricht die Erkenntnis auf: Ich bin befreit»
(Khmer, Bayon-Stil, 11. Jh.)

beantworten, so tat er auch hier, obwohl seine Schüler ihn drängten. Er glaubte, daß es nicht nützlich sei, diese Frage rational zu klären, und deutete an, daß das, was wiedergeboren wird, weder dasselbe ist, wie das, womit es mit einer früheren Existenz zusammenhängt, noch ein anderes.

Diese Antwort ist nicht so zweideutig, wie sie scheint. Nehmen wir einmal an, die Bergspitzen eines Kontinents tauchten aus dem Meer auf, nehmen wir ferner an, diese Inseln versinken wieder und andere Teile dieses Kontinents tauchten aus dem Wasser auf. Es sind nicht dieselben wie die vorigen, und es sind aber auch keine anderen, denn sie stammen vom selben Kontinent. Der Buddha gebraucht einmal das Gleichnis von der Flamme. Die in der ersten Stunde der Nacht brennende Flamme einer Fackel ist dieselbe wie die in der zweiten Stunde brennende, und sie ist es doch nicht, weil sie, wie wir physikalisch erklären könnten, ja aus anderem Sauerstoff zehrt und andere Teile der Fackel verbrennt.

Die Irrealität der Erscheinungswelt

Der Buddha lehrt, daß nichts in dieser Welt Dauer habe. Folglich muß alles das, was wir für beständig, für real, ansehen, in Wirklichkeit irreal, muß unser Eindruck eine Täuschung sein. Zu allen Zeiten hat das brahmanische Indien das Bestehen einer realen Welt für unvereinbar gehalten mit dem Begriff eines unendlichen und alleinen Gottes.

Während sich der Westen seit alters der Bewältigung der Welt zuwandte, an deren Realität kein Zweifel bestand, haben sich die Inder mehr für das interessiert, was jenseits der sinnlichen Wahrnehmung liegt. Sie wiesen die Frage nach dem letzten Ursprung nicht mit dem Einwand zurück, sie liege außerhalb unseres Vermögens.

So ist es ganz natürlich, daß auch der Buddha die Sinnenwelt verwarf. Er behauptete allerdings nicht (wie etwa der Vedānta), daß die Welt an sich nicht existiere, sondern erklärte nur unsere Vorstellung von ihr für falsch. «*Es existiert wohl ein Nichtgeborenes, ein Nichtgewordenes, Nichtgeschaffenes ... denn wenn es nicht existierte, so würde es auch keine Erlösung des Geborenen, Gewordenen und Geschaffenen geben*», sagt er.

Einzig sicher ist also die Relativität der Wirklichkeit, *Māyā*, die illusorische Welt der Erscheinungen, in der das Gesetz von Ursache und Wirkung herrscht. Woher es seinen Anfang nahm, danach fragte der Buddha nicht, ebensowenig danach, wann und wie der Mensch in den verhängnisvollen Kreislauf der Wiedergeburten eingetreten ist. Er hielt sich auch nicht dabei auf, über die Unendlichkeit des Raumes oder der Zeit zu grübeln, darüber, ob es einen Anfang gegeben habe oder nicht und ob es ein absolutes Ende der Zeit geben werde, Fragen, die die Philosophie des Westens später so sehr beschäftigen sollten. Für den Buddha war allein wichtig und nützlich, zu wissen, wie einer zur Erlösung, zur Befreiung aus dem Kreislauf der Wiedergeburten gelangen könnte.

Die Entdeckung des Gesetzes der Kausalität führt dann folgerichtig zu dem Schluß: Beseitige die Ursache des Leids, und du wirst das Leid selbst beseitigt haben. Diese Ursache ist, wie wir wissen, der Wunsch, ein zweifelhaftes irdisches Glück zu erjagen, der deshalb entsteht, weil wir eine illusorische Welt aus «Unwissenheit» für wirklich halten. Man muß also damit anfangen, das ganze auf der trügerischen Erfahrung unserer Sinne beruhende Scheinwissen auszuräumen. In dem Moment, wo alle Werte dieser Welt gleichsam auf den Punkt Null zurückgeführt sind, kann sich der Geist schwerelos in die Leere erheben. Wir können diese Wahrheit, in der sich alle Gegensätze aufheben, also nur finden, wenn wir uns völlig von jedem Glauben an die Realität der Erscheinungswelt freimachen.

Mit einer radikalen Folgerichtigkeit entwickelt der Buddha diese Kette: weil die Sinnenwelt irreal ist, sind auch unsere Eindrücke von ihr unwahr. Daraus folgt, daß auch unsere Wünsche, die sich auf die Eindrücke von der Außenwelt gründen, auf Sand gebaut sind und die Synthese der verschiedenen Wahrnehmungen und Gedanken, die wir «Bewußtsein» nennen, eine Fata Morgana ist. Ein Bewußtsein gibt es im Grunde gar nicht, und unser Ich hält keiner Prüfung stand. *«Der Geist selbst ist eine Illusion»*, erläutert die Lehre, ein Satz, den auch Schopenhauer gesprochen haben könnte, würde er seine These «Die Welt ist nur meine Vorstellung» radikal zu Ende gedacht haben.

Trotz dieser Ansichten ist die buddhistische Lehre natürlich in keiner Weise materialistisch. Sie weigert sich lediglich, die Wahrnehmungen unserer Sinne als verbindliche Auskunft über die Welt anzuerkennen. Sie stellt fest, daß auch das Bewußtsein Objekt, nicht Subjekt der Erkenntnis ist, daß der Geist ebensowenig sich selbst erkennen, wie eine Nadel sich selbst stechen oder ein Messer sich selbst schneiden kann.

Das Nirvāna

Der Zustand der vollkommenen Erkenntnis, die «Befreiung», das *Nirvāna*, ist einer jener Begriffe der Lehre, die am meisten zu Kommentaren Anlaß gegeben haben. Der Buddha selbst hat das *Nirvāna* nicht näher definiert, wohl deshalb, weil er das, wie ja auch in bezug auf andere Fragen, für nutzlos hielt. Ein «Nichtsein» sei es, hat er einfach gesagt, worin die «Befreiung» aus der Kette der Wiedergeburten besteht. Was soll das bedeuten? Eine Art Paradies kann nicht gemeint sein, denn das erkennt der Buddha ja an als Aufenthaltsort der Götter, die dort eine begrenzte Zeit verbringen, eine Etappe auf dem Wege der Wiedergeburten.

Nach der einen Auffassung ist das *Nirvāna* ein Zustand der vollkommenen Ruhe, in den der Mensch gelangt, sobald er sich in der Meditation von der Außenwelt gelöst hat. Es bleibt aber die Individualität erhalten. Eine mehr theistische Deutung macht das *Nirvāna* zu einem Zustand, in dem der Mensch, losgelöst von der Außenwelt wie auch seinem eigenen Innenleben, nicht mehr fühlt als ein Einssein mit dem Kosmos, dem Göttlichen oder der Natur. Eine dritte Anschauung besteht darin, daß weder ein individueller noch ein universeller Zustand im *Nirvāna* gesehen wird, sondern das «Nichts». Jedoch sind die Grenzen zwischen diesen Meinungen oft fließend. Auf jeden Fall muß an die Möglichkeit eines Aufhörens der Wiedergeburten geglaubt werden, wenn man den Begriff des *Nirvāna* fassen will. Man hat dann die Wahl zwischen einer theistischen und einer nihilistischen Erlösung.

Im übrigen «frisieren» alle diese buddhistischen Deutungen nur die völlige Verneinung auf. Wie Denis Saurat ganz richtig feststellt, ist das für unsere westliche Denkweise die «dunkle Seite» des Verständnisses. Was nicht heißen soll, daß es eine solche «dunkle Seite» nicht auch im Gnostizismus, im Manichäismus und vielleicht sogar im Christentum gibt, aber man muß einräumen, daß der Buddhismus ein Maximum an Weltverneinung erreicht.

Vielleicht hat der Buddha auch in dem *Nirvāna* – gerade weil er es ablehnte, es zu definieren, bzw. weil er es als «Nichtsein» bezeichnete – nur ein unentbehrliches Hilfsmittel zum Eintreten des Geistes in die Versenkung gesehen. So gesehen würden alle Vorstellungen, die ein Buddhist sich vom nirvanischen Absoluten macht, nur Stufen auf dem Wege zum geistigen Aufstieg darstellen, die bedeutungslos werden, sobald die letzte Erkenntnis erlangt ist.

Ānanda Coomaraswamy hat das *Nirvāna* als einen «Endzustand» definiert im doppelten Sinne von «beendet» und «vollendet». Es ist weder ein Ort noch eine Wirkung, es ist nicht in der Zeit, noch kann man es durch irgendwelche Mittel erlangen. Dennoch «ist» es und kann in gewisser Weise gesehen werden. Die in der Praxis angewandten Methoden sind nicht an sich ein Weg zur Erlangung des *Nirvāna*, sondern dienen nur dazu, alles, was unseren Blick trübt, aus dem Wege zu räumen, wie eine in ein dunkles Zimmer getragene Lampe es uns ermöglicht, zu unterscheiden, was sich darin befindet.

Dieser Begriff eines existierenden Nichtseins außerhalb des göttlichen Grundes befriedigte freilich nicht das in jedem Menschen schlummernde Verlangen nach einem positiven Gott. Ein Verlangen, das seine Wurzeln in der Furcht und der Hoffnung hat, im Sehnen nach Unsterblichkeit, mit dem sich ganz natürlich das Gefühl einer Verbundenheit, einer Einheit mit dem Kosmos verband. Wer aber Einheit sagt, sagt auch: der Einiger, sagt Gott. Die Vorstellung eines solchen Gottes schließt ein, daß er der Schutzhafen für das ist, was nach dem Tode vom Menschen weiterlebt. Der Buddha hat nicht versucht, diese Gottesidee auszurotten, er hat sie lediglich aus seiner Lehre ausgeklammert. Sie blieb bestehen, verborgen auch im Buddhismus selbst, der von einer streng philosophischen Lehre immer mehr zu einer Religion wurde.

Befreit von der Wiedergeburt, geht der Buddha in das Nirvāna ein. (Vergoldete Bronze, China)

Die buddhistische Ethik

Auf den theoretischen Grundlagen, den vier Wahrheiten vom Leid, dem achtfachen Pfad zu seiner Überwindung, der Dharmalehre und der Kausalitätsformel hat der Buddha ein Gebäude praktischer Regeln errichtet. Seine Befolgung soll helfen, die Last des *Karma* zu erleichtern und die «Befreiung» aus der Kette der Wiedergeburten zu erlangen.

«*Jedes Wesen ist verantwortlich für seine Taten*», sagt ein Text, «*... und es gibt ein zweifaches Schicksal (für die Guten und die Bösen). Für die Bösen entweder die fürchterliche Hölle oder die Wieder-*

geburt in ein für böse geltendes Tier: eine Schlange, einen Skorpion, Tausendfüßler ... oder jedes andere Tier, das sich davonschleicht, wenn es einen Menschen sieht. Für die Rechtschaffenen gibt es auch zwei Möglichkeiten, der Aufenthalt im Himmel oder die Wiedergeburt in einer hochgestellten Familie, als Brahmane, Adliger oder reicher Mann. So entstehen die Wesen gemäß ihren Taten.» (Anguttara-Nikāya)

Wenn die Lehre auch von der persönlichen Moral ausgeht, so zeigt sie sich doch in erster Linie als eine pragmatische Sozialethik, deren Zweck es ist, die verhängnisvolle Kausalkette zum Zerreißen zu bringen.

Das Gute und das Böse

Die Begriffe des Guten und des Bösen gelten vor allem in Beziehung zu anderen. Das Böse ist die Befriedigung eines Verlangens auf Kosten anderer Menschen und das Gute ein persönliches Opfer für einen anderen Menschen, beispielsweise die Achtung vor dem Geist oder vor jeglichem Leben, selbst vor dem des Feindes. Dieser Grundsatz des «Nichtverletzens» (*Ahimsā*) gibt einem einen Schutz gegen das Übel (des Verletzens). Ihn hat zweieinhalbtausend Jahre nach Buddha Gandhi vorgelebt. Das «Nichtverletzen» ist dann von den Jainas übernommen worden und zu einem der jainistischen Grundsätze überhaupt geworden. Soll doch ein Jaina, wenn er einer Schlange nicht aus dem Wege gehen kann, sich lieber von ihr töten lassen als sie zu töten.

Da es kein «Ich» gibt, hat auch der Egoismus weder Sinn noch Berechtigung. Die Nächstenliebe ist daher kein sentimentaler Akt, noch weniger ein Akt des Gottesdienstes, sondern ein Schritt auf dem steinigen Weg zur «Befreiung». Sie schließt ein Gefühl der Brüderlichkeit aller Wesen ein, gute Gesinnung auch gegen alles, was nicht Menschenantlitz trägt.

Die Verachtung des Körpers

Der Grund für die Verachtung des Körpers ist kein moralischer in unserem Sinne, sondern ein praktischer. Der Buddha verlangt Disziplin im Körperlichen, dessen Begehren die Menschen nur zu gern nachgeben.

Schon der Novize muß es lernen, die 32 Teile des «in allem sterb-

Kopf eines Asketen (3. bis 4. Jh. n. Chr.)

lichen und nur sechs Fuß langen» Körpers in ihrer Unreinheit zu sehen. Er muß sich klarmachen, daß seine neun Öffnungen widerliche Substanzen ausscheiden, und muß sich den Zustand der Verwesung vor Augen führen, der jeden Körper erwartet. Zu diesem Zweck soll der Mönch öfters Friedhöfe und Leichenverbrennungsplätze besuchen. Er wird, wenn er so handelt, einen solchen Abscheu vor allem Körperlichen empfinden, daß er kein Verlangen mehr nach körperlicher Beruhigung hat. Er wird, wie der Buddha sagt, aus einer falschen Sklaverei befreit sein.

«Mache ein Pergament aus deiner Haut, mache eine Feder aus deinen Knochen, mache Tinte aus deinem Blut und schreibe die Lehre des Meisters nieder», so heißt es später.

Die Weltentsagung

Der Mensch ist zwar in seinem Schicksal durch seine Geburt, das *Karma*, durch sein Erbgut, wie wir sagen würden, und durch die Erziehung, die ihm in seiner Kindheit zuteil wird, vorbestimmt, aber er hat dennoch eine gewisse Freiheit, die Freiheit nämlich, so zu leben, daß die Irrtümer erkannt und die Illusionen beseitigt werden. Dazu ist eine unnachsichtige Selbstprüfung nötig. Jedes Gefühl, jede Willensregung soll in ihre Elemente zerlegt werden. Diese «Demontage» zerbricht dann deren Macht, und der Geist wird frei für seine wahre Aufgabe. Der Mönch erreicht es, sich von den «zehn Verderbnissen» zu befreien: dem Verlangen, das die Sinne erzeugen, dem Haß, dem Hochmut, der Verleumdung, der Unwissenheit, der falschen Anschauung, dem Zweifel, der Schamlosigkeit, der Nachlässigkeit und schließlich der gewöhnlichen Unklugheit durch den Bankrott des gesunden Urteils.

Freilich wird er das nicht erreichen, ohne noch einige Male in den Sumpf zurückzufallen. Aber eine auf feste Vorsätze gebaute Reue und das öffentliche Bekenntnis seiner Sünden erlauben es ihm, wenn auch nicht wiedergutzumachen, so doch die drei körperlichen Sünden (Unzucht, Diebstahl und Mord), die vier Wortsünden (Angeberei, Lüge, Verleumdung und Fluchen) und die drei Gedankensünden (Begehrlichkeit, Mißgunst und falsche Anschauung) wenigstens künftig zu meiden. Diesen Sünden stehen acht Tugenden gegenüber entsprechend den Gliedern «des achtfachen Pfades»: Wahrhaftigkeit, Selbstachtung, Keuschheit, Demut, Nächstenliebe, Mitleid, Selbstzucht in der Versenkung, das willige Aufsichnehmen allen Leids.

Die Weltentsagung muß so weit gehen, daß nach dem Tode kein gutes oder schlechtes *Karman* mehr vorhanden ist. Da es für den Buddhisten keine Seele, keinen *Ātman* gibt, besteht das Ziel auch nicht im Finden irgendeiner Glückseligkeit, sondern gerade im Verzicht auf diese, im *Nirvāna*, dem völligen Verlöschen.

«Gebt das Gute auf und noch mehr das Böse. Wer das andere Ufer erreicht hat, hat kein Floß mehr nötig.» (Majjhima-Nikāya)

Aber die Vermeidung der Sünde, das Üben der Tugend und die Entsagung haben nicht nur den Sinn einer «moralischen Buchführung» gemäß dem Gesetz vom *Karma*: sie bezwecken mehr.

Der Buddha hat gelehrt, daß eine Tat gut oder böse ist je nach dem Grad der «Reinheit» in der Gesinnung des Handelnden. Bloße Legalität, d. h. Übereinstimmen mit den Vorschriften, macht noch keine Handlung gut. Gut wird sie erst, wenn sie zugleich Ausdruck einer reinen Gesinnung ist. Diese Reinheit besteht im Aufgeben von Haß (*Dosha*), Gier (*Lobha*) und Wahn oder Verblendung (*Moha*). Sie ist die Quintessenz der buddhistischen Ethik.

Diese Ethik ist rigoros und autonom, es bedarf keiner noch so gerechten Gottheit für ihre Bestätigung. Der Einzelne ist Herr seines Geschicks. Jedoch bleibt, wie wir schon sagten, immer eine Beziehung zum Allgemeinen mit im Spiel. Das *Karma* des Einzelnen ist, könnte man sagen, einem kollektiven *Karma* gegenüber tributpflichtig.

Diese Idee des *Karma* macht auch das scheinbar unverdiente harte Schicksal verständlich, das manchen «Guten» trifft, und umgekehrt. Ein wahrer Buddhist wird sein Schicksal nie beklagen, er wird es auf sich nehmen, auch wenn er es nicht versteht, und er wird suchen, für die Zukunft Lehren daraus zu ziehen.

Die buddhistische Ethik unterscheidet sich rein äußerlich kaum von der brahmanischen. Beide fordern, den Egoismus aufzugeben, auf alle Sinnenfreuden zu verzichten und nur guten Taten, W[illegible] und Gedanken Raum zu geben. Beide betonen den Vorran[illegible] stigen.

In den Texten begegnet man häufig der Formulierung «. . . nicht verunreinigt werden». Dieser Ausdruck bezieht sich auf die «Reinheit» der Lotosblüte, die nicht vom Wasser benetzt wird, auf dessen Oberfläche sie sich entfaltet. Einem solchen Lotos gleich soll sich der Mensch im Leben verhalten, sich durch keine Sünde «verunreinigen» lassen, sich aber auch nicht im Tun des Guten verstricken. Auch C. G. Jung sagt, daß die Tugend dem Menschen gefährlicher sei als das Laster. Dieses Prinzip der absoluten Reinheit ist es, das die buddhistische Ethik von der brahmanischen unterscheidet, ihr Begründetsein in der Freiheit von der Sünde wie von der Tugend.

Die «Alte Schule der Weisheit»

Es darf angenommen werden, daß der im fünften Jahrhundert vor Christus unter dem Namen «Alte Schule der Weisheit» bekannte

Buddhismus den von Buddha selbst verkündeten Lehren sehr nahe gestanden hat. Um diesen alten Buddhismus richtig zu begreifen, ist es nötig, noch einmal einen Blick auf den Geist jener Epoche zu werfen. Zwei Pole standen sich damals gegenüber, nicht unbedingt feindlich, aber auch in keiner Verbindung zueinander: die gewöhnlichen Menschen, repräsentiert durch die *Kshatriyas, Vaiśyas* und die *Śūdras* auf der einen Seite, und die Brahmanen, die Verwalter der Beziehungen zum Göttlichen, auf der anderen Seite.

Der indische Geist, dem zu keiner Zeit ein großer revolutionärer Schwung eigen war, hatte sich in den Käfig der von den Brahmanen gesetzten Kastenordnung zwängen lassen und verwandte seine ganze Aktivität dazu, die überlieferte brahmanische Welt zu erläutern. Die irdische Welt war beschränkt auf das Gebiet der indischen Halbinsel, deren geographische Abgeschlossenheit die Inder weitgehend gegen Einflüsse von außen abschirmte.

Die Brahmanen hatten sich mit der Ausübung der Opferpraxis die Vermittlung der Beziehungen zur Transzendenz vorbehalten. Paul Mus hat den Sinn des brahmanischen Opfers gedeutet als eine Handlung, die den opfernden Brahmanen mit der Opferflamme bis zum Himmel aufsteigen läßt, wobei der Opferer sich als Teil einer ursprünglich in allen Kreaturen wohnenden Gottheit *Prajāpati* (Herr der Geschöpfe) fühlt. Durch seine Gebärden, seine Verrichtungen mit dem Unsterblichkeitstrank *Soma,* durch die Opfersprüche und Gesänge, durch den göttlichen Geist, der in ihm wohnt, kehrt der Brah-[illegible]ichsam im Opfer in den göttlichen Ursprung zurück, wird er [illegible]er zu einer Gottheit.

[illegible] den Brahmanen wie bei den anderen Kasten gab es nichts im Menschen, das durch Liebe und Haß hätte bewegt werden können, keine wirkliche Individualität, sondern alle Gegenwart war ihnen im Grunde nur eine geronnene Vergangenheit. Diesem Mangel an Individualität, diesem Dasein als lebender Leichnam, entsprach auch die Geschichtslosigkeit des indischen Denkens, dem die Zukunft nicht sonderlich wichtig war. Übrigens hat in allen alten Kulturen das Individuum wenig gezählt und das Kollektiv alles bedeutet. Lediglich der König machte, sei es in Ägypten, in Israel oder Mesopotamien, eine Ausnahme, aber auch er war im Grunde nur Symbol des Kollektiven.

Auch die Yogins gingen, sosehr sie sich äußerlich abgekapselt hatten, geistig in diesem Kollektiv auf. Sie dachten, in ihre Meditation versunken, einzig daran, das Jenseits zu erobern. Weder die Brahmanen noch die Yogins oder die übrigen Kasten hatten das Problem der Leidhaftigkeit der Existenz erkannt, oder sie verschlossen bewußt die Augen und nahmen das Leid des Daseins als unvermeidliches

Schicksal hin. Das Leben endete für sie mit der Reise der Seele zum Mond, und ein neues begann mit deren Wiederkehr auf die Erde als Regen. Nur mittels bestimmter Spitzfindigkeiten beim Opfer konnte man anstelle einer Rückkehr zur Erde den Eintritt der Seele durch die «enge Pforte der Sonne» in den Ozean der Glückseligkeit erreichen. Aber auch bei dieser Vorstellung ging es im Grunde nicht darum, den Menschen dem Leid der Existenz zu entreißen.

Śāriputra

Die buddhistische Lehre richtete endlich den Blick auf den Menschen. Indem der Buddha die Götter entthronte, die Kastenordnung ignorierte, verhalf er dem «Individuum» zur Geburt. Während der Buddha so als der große revolutionäre Denker erscheint, muß man in seinem Schüler Śāriputra den großen Organisator der neuen Bewegung sehen.

Der aus Magadha stammende Sproß einer Brahmanenfamilie begann seine geistliche Laufbahn als Schüler des Asketen Sanjaya, eines Skeptikers ähnlich den griechischen Zynikern. Als Śāriputra eines Tages aber den Buddha predigen hörte, verließ er seinen Lehrer und folgte dem Erhabenen.

Nüchtern und realistisch, sah er seine Aufgabe darin, den Lehren des Meisters zu einer praktischen Wirkung zu verhelfen. Er verstand es, alles so darzustellen, daß jedermann begreifen und behalten konnte, was der Buddha meinte. Obwohl Ānanda der Lieblingsjünger des Buddha war, hat Śāriputra für die Ausbreitung der Lehre ungleich mehr getan. Die späteren Sekten der Theravādins und der Sarvāstivādins sahen in ihm geradezu einen zweiten Gründer. Den ganzen Buddhismus der Frühzeit kann man «Schule des Śāriputra» nennen. Ihr zentraler Begriff war die Erkenntnis, die Weisheit, die höchste der fünf Haupttugenden neben denen des Glaubens, der Festigkeit, der Geistesgegenwart und der Konzentration. Natürlich war keine theoretische, sondern eine praktische «Weisheit» gemeint.

Die Arhats

Ein neuer Begriff hatte sich allmählich herausgebildet: der des Idealmenschen, des Heiligen, des *Arhat*, wie der indische Ausdruck lautet. Das Wort, das an sich schon älter war, wurde jetzt auf diejenigen angewandt, die einen gewissen Gipfelpunkt geistiger Entwicklung vor der endgültigen Erleuchtung erlangt hatten. Die Buddhisten leiten

die Herkunft des Wortes *Arhat* von *Ari* = Feind und *hat* = zerstören ab. Ein *Arhat* ist danach jemand, der den inneren Feind besiegt, d. h. seine Leidenschaften überwunden hat. Die europäische Forschung nimmt freilich eine andere Etymologie an. Nach Edward Conze ist das Wort eine Ableitung von *arhati* = würdig sein.

Der *Arhat*, der übrigens chinesisch *Lo Han* heißt, erreicht seinen Heilszustand durch Meditation. Er muß verschiedene Stufen der Ekstase durchlaufen. Zuerst befreit er sich von der materiellen Welt, indem er alle Wünsche und Gedanken aufgibt. Sodann befreit er sich von der immateriellen Welt. Dadurch lernt er die sogenannten «vier Unbegrenztheiten» kennen: den Raum, das Bewußtsein, die Region des Nichtseins und die der Nichtwahrnehmung. Jeder dieser Zustände ist nur eine Etappe. «*Sie genügt nicht*», sagt der Buddha, «*verlaßt sie und geht weiter.*» Am Ende der acht Stufen des geistigen Aufstiegs steht dann das *Nirvāna.*

Was ein *Arhat* ist, charakterisiert vielleicht am besten eine Stelle aus dem *Avadāna-Śataka,* einem Stück aus je-

Kāśyapa, ein Schüler des Buddha, in Gebetshaltung (Marmor, Souei-Zeit, China)

ner Sammlung von Sanskrit-Erzählungen über die früheren Existenzen Buddhas, die das Funktionieren der Vergeltungskausalität, des *Karman*, erläutern wollen.

«Er hat sich in Zucht genommen», heißt es da. *«Er hat gekämpft und erkannt, daß der Kreislauf von Geburt und Tod ... in dauernder Bewegung ist. Er hat alle Zustände des Daseins verworfen, die durch eine Reihe von Bedingungen entstanden sind und in deren Natur es liegt, zu verfallen, sich zu wandeln und zu vergehen. Er hat allen Schmutz (der Sünde) verlassen und den Zustand eines Arhat erreicht ... Für ihn hat Gold nicht mehr Wert als ein Stück Ton. Der Himmel und seine Handfläche sind in seinen Augen gleich. Er ist gleichgültig gegenüber jeder Gefahr wie das duftende Sandelholz gegenüber der Axt, die es spaltet.»*

Diesen kämpferischen und vom heiligen Egoismus erfüllten Typ des *Arhat* gab es vor allem bei den Mönchen im Dekhan, während sich im Norden ein von religiöser Leidenschaft bis zur Selbstleugnung erfüllter Typ herausbildete.

Aus dem *Arhat* kann – als nächsthöhere Stufe – ein *Bodhisattva*, ein Anwärter auf die Buddhaschaft, werden. Der Heilige, der an sich reif ist, in das *Nirvāna* einzugehen, verzichtet zunächst darauf, um die anderen Menschen zu retten. Das war nach der Überlieferung auch beim Buddha der Fall. Um ein *Bodhisattva* zu sein, bedarf es sechs weiterer Tugenden: Nächstenliebe, vorbildliches Leben, Energie, übersinnliche Kräfte, theoretische und praktische Weisheit. Es ist indes ein weiter Weg vom Zustand der Heiligkeit bis zu der Stellung eines Weltenretters, eines *Bodhisattva*.

Die Versenkung

Neben einer strengen sittlichen Disziplin und der Erkenntnis des Heils muß der *Arhat* auch imstande sein, mittels gewisser Trancezustände in mystische Bezirke einzudringen. Das indische Wort für diese Trance heißt *Samādhi*. Es entspricht dem griechischen Wort «Synthesis» und bedeutet Konzentration, Versenkung. Nach einer bestimmten Methode schaltet der Asket für eine willkürlich von ihm bestimmte Zeit sein Bewußtsein aus. Er löst alle Spannung in sich und erlangt einen Zustand vollkommener innerer Ruhe. Zu dem eigentlichen *Samādhi* dringt der Asket erst über einen vierstufigen Weg der Meditation (*Dhyāna*) vor, über die sogenannte Praxis der «vier Unbegrenztheiten», mit deren Beherrschung bestimmte okkulte Fähigkeiten verbunden sein sollen. Die Meditation bildet später eine wesentliche Grundlage des *Mahāyāna*, während die okkulten Fähigkeiten im lamaistischen Vajrayāna Tibets mit besonderer Aufmerksamkeit bedacht werden.

Durch die Meditation will sich der Asket von der Außenwelt lösen. Er richtet zunächst seine Aufmerksamkeit auf ein gewähltes Objekt, häufig eine Lotosblüte oder ein mit rotem Sand gezeichneter Kreis. Er versucht dann, alle Gedanken, die nicht mit diesem Objekt zu tun haben, auszuschalten. Ist das gelungen, so «umdenkt» er bewußt dieses Objekt. Als nächste Stufe folgt dann die Ausschaltung auch dieser Gedanken bis zum Verschwinden des Bewußtseins. In den folgenden Meditationsstufen ist das Denken «formlos», das Bewußtsein «ohne Grenze». Am Ende wird dann jener Zustand erreicht, in dem es, wie die Texte sagen, weder Wahrnehmung noch Nichtwahrnehmung gibt. In diesem Koma-ähnlichen Zustand «berührt» der Meditierende gleichsam körperlich das Nirvāna. Allein Pulsschlag und Körperwärme zeigen an, daß der Betreffende noch lebt. Alle bewußten Funktionen des Körpers und Geistes haben aufgehört.

Die sogenannte Methode der Unbegrenztheiten ist einfacher, aber auch sie zeitigt nur Erfolg, wenn die ersten drei Meditationsstufen beherrscht werden. Durch Freundschaft gegen jedermann, Mitleid, Anteilnahme und das Bewußtsein der Gleichheit befreit sich der Asket von jedem Gefühl der Sympathie oder Antipathie. Sein Mitleid ist ein allgemeines, keinem bestimmten Wesen zugewandt.

Was die okkulten Fähigkeiten betrifft, so waren damit zunächst gewisse psychische Erlebnisse gemeint, die man sich von einem streng vergeistigten Leben erwarten durfte. Es trat aber bald ein Niedergang ein. Um sich im Volk auszubreiten, das in Indien damals nach Zauber und Magie verlangte, mußte die Lehre all das wieder zulassen, was der Buddha von Anfang an verdammt hatte.

Die Lehre von der Erkenntnis (Prajnā)

Die Lehre von der Erkenntnis (*Prajnā*) oder «Weisheit» stellt die höchste Ausprägung des Buddhismus dar. Sie ist wahrscheinlich schon in den ersten Jahrhunderten nach dem Tode des Buddha entstanden, jedoch erst später im *Abhidharma* niedergelegt worden. Wie der Philosoph Buddhaghosha sagt, durchdringt sie die Erscheinungen und zerstört die Illusion, die wir uns von ihnen machen. Der Text Udāna sagt: «Nicht mehr glauben: das bin ich – das ist die Befreiung.»

Die Gewohnheit hat die Menschen dazu gebracht, so lehrt der

Prajñāpāramitā, die Verkörperung der höchsten Weisheit (Java, 14. Jh.)

Buddhismus, sich selbst mit den Objekten der Wahrnehmungen zu identifizieren. Die Worte «Ich, Mein» übersetzen aber eigentlich nur die Erklärung, die wir unseren Erfahrungen geben. Wenn man etwa sagt: «Mein Fingernagel ist abgebrochen», so unterstellt man das Vorhandensein eines «Ich» neben den fünf *Skandhas* (Materie, Gefühl usw.), den Dharma-Gruppen, aus denen der Mensch besteht. Wir hatten davon gesprochen.

In Wirklichkeit gibt es am Menschen nur die fünf Skandhas und kein Ich. Die Lehre von der *Prajnā* ersetzt daher die persönliche Denkweise durch eine unpersönliche. Der Fingernagel, sagt sie, ist Materie; daß er abgebrochen ist, ist Ursache eines unangenehmen Gefühls, das die Wahrnehmung der Tortur hervorruft. Diese erzeugt den Trieb, künftig ähnliche Übel zu vermeiden. Schließlich gibt es noch das Bewußtsein des ganzen Vorganges. Unser «Ich» ist hierbei eine reine Fiktion.

Die «Weisheit» besteht also darin, «das Ich auszulöschen, indem man einfach aufhört, sich mit etwas zu identifizieren, was nicht wirklich in einer Beziehung zu uns steht. Die von außen kommenden Kräfte stören die Ruhe des Geistes wie der Flügelschlag eines Vogels die Windstille.» (Śri Aurobindo)

Es genügt also nicht, der Sinnenwelt zu entsagen, sich in der Meditation über sie zu erheben und in der letzten Versenkung zu erkennen, daß sie eine Illusion ist. Darüber hinaus muß die Erkenntnis, *Prajnā,* suchen, in das Unbedingte vorzustoßen.

Wir berühren hier einen Kernpunkt der buddhistischen Lehren, einen Punkt, der in Wirklichkeit ein Wirbel von Widersprüchen ist. Was soll es heißen, «in das Unbedingte vorstoßen», da doch das, was da vorstößt, in dem Moment nicht mehr vorhanden sein soll, wo es auf das Unbedingte trifft? Und was ist dieses Unbedingte selbst? Es hat keine Beziehung zu irgend etwas Seiendem, und es läßt sich infolgedessen durch keine Aussage fassen. Es ist transzendent und immanent zugleich oder, besser, weder das eine noch das andere. Die Chinesen lösen das Problem, indem sie auf die Frage nach dem Absoluten eine negative und zugleich positive Antwort geben, eine Art «Ja-Nein». Das Unbedingte im Menschen ist demnach auch nur eine Hilfsvorstellung des Meditierenden, die mit dem «Erlöschen» vergeht.

Die Entwicklung des Buddhismus

Es brauchte einige Zeit, bis der Buddhismus über einen verhältnismäßig kleinen Kreis von Kshatriyas und Brahmanen, die seine Lehren verstehen konnten, hinausdrang und bis all das kommentiert war, was der Buddha im Einzelnen nicht ausgesprochen hatte. Soll er doch selbst gesagt haben, wenn das, was er gelehrt habe, den Blättern eines Baumes gleiche, so entspräche das, was er an Wahrheiten erkannt, jedoch nicht gelehrt habe, den Blättern eines ganzen Waldes. Vielleicht hat der Buddha manches deshalb nicht näher erläutert, weil er in einem Prakrit-Dialekt, wie wir glauben, gesprochen hat, einer Sprache, die wenig geeignet war, abstrakte philosophische Gedanken auszudrücken. Vielleicht glaubte er aber auch, daß es überhaupt unmöglich sei, das Erlebnis der Erleuchtung in vollem Umfange in Worten wiederzugeben. Wie dem auch sei, er hinterließ der erläuternden Kommentierung ein weites Feld.

Immer stärker hatte sich die Teilung der Anhängerschaft in die Mönchsgemeinde und die Laienschaft herausgebildet. Die Mönche wurden zu den eigentlichen geistigen Trägern des Buddhismus, während sich die Laien damit zufrieden gaben, den moralischen Grundgeboten der Lehre zu folgen, die Mönche zu versorgen, an Wallfahrten teilzunehmen und die in den Stūpas aufbewahrten Buddha-Reliquien zu verehren. Doch gibt es kein eigentliches Zeremoniell, abgesehen von der dreimal täglich vorgenommenen Rezitation der «Formel von den drei Juwelen» (*Triratna*):

«Ich nehme meine Zuflucht zum Buddha, ... zur Lehre ... zur Gemeinde.»

Mit den drei Juwelen sind also der Buddha, die Lehre (*Dharma*) und die Gemeinde (*Sangha*) gemeint.

Nach dem Tode des Buddha entwickelte sich die Lehre zum Abstrakten hin. Der Ādibuddha, der später angenommen wurde, war beispielsweise nur eine Abstraktion des Absoluten, zugänglich in der mystischen Ekstase und nicht fähig, ein echtes religiöses Feuer zu entfachen. Selbst die Bodhisattvas waren schemenhaft und ohne Fleisch und Blut. Aber der religiöse Sinn der Menschen verlangte nach einem Ziel seiner Sehnsucht. Und der Buddhismus mußte sich dem beugen.

Der gewöhnliche Mensch ist an sich nicht fähig, das Heil durch Erkenntnis, «Weisheit», zu erlangen, er kann bestenfalls gläubig und tugendhaft sein. In der «Alten Schule» wurde daher die Tugend der «Weisheit» gleichgesetzt und als der allen offene «leichte Weg» zum Heil neben dem strengeren geistigen zugelassen.

Ähnliches hatte sich auch im Brahmanismus ereignet, wo der Begriff der *Bhakti*, der mystischen Gottesliebe, die alles hingibt und nur Gnade erwartet, eine große Bedeutung gewann. In der berühmten *Bhagavadgītā*, dem «Gesang des Erhabenen», einem in das große Epos *Mahābhārata* eingestreuten Gedicht, hat diese *Bhakti* ein unvergängliches Denkmal gefunden.

Vielleicht war es Ānanda, der den Keim zu einer buddhistischen *Bhakti* gelegt hat. Er hatte den Meister als leiblichen Menschen geliebt, und weil er den Tod seines Herrn nicht verwinden konnte, tröstete er sich mit dem Gedanken, der Buddha lebe in der höchsten Region des Tushita-Himmels weiter.

Obwohl die orthodoxe Lehre eine solche Liebe zum Buddha verbot, fand der Gedanke Anklang, und der Glaube setzte sich durch, daß der Buddha nicht «erloschen» sei, sondern – obzwar unsichtbar – gegenwärtig bleibe. Die Sekte der Mahāsanghikas vertrat sogar die Ansicht, daß der Buddha, da er übernatürlichen Wesens sei, in Wirklichkeit niemals gestorben sei.

Einmal eingeführt, schickte sich die *Bhakti* an, auch im Buddhismus die bevorzugte Form religiöser Praxis zu werden. Wir werden noch verfolgen, welche Rolle sie im Mahāyāna spielt, wo später die Buddhas und Bodhisattvas Gegenstand einer inbrünstigen Verehrung werden und ihrerseits den Menschen ihre Liebe mit Gnade lohnen. Sie helfen dem Gläubigen, sich von Gier, Haß und Verblendung zu befreien, erfüllen sogar Wünsche, beschützen die Menschen und haben die Macht, selbst das Beil des Henkers im Fluge aufzuhalten. Sie schenken den Frauen Söhne, geleiten die Karawane sicher durch die Wüste und lassen die Schwerter der Feinde in der Scheide zerbrechen.

Fern war den Laien der Gedanke vom ewigen «Verlöschen» im *Nirvāna*. Man verlor die Grundgedanken, die der Buddha gelehrt hatte, die Wahrheit vom Leid, seinen Ursachen und den Möglichkeiten zu seiner Überwindung immer mehr aus dem Blick. Statt nach der Unterbrechung der Kette der Wiedergeburten zu streben, wie es der Buddha gefordert hatte, wartete man darauf, in einem Paradies wiedergeboren zu werden.

Das Zwillingswunder. Der Buddha entläßt Feuer aus seinem Oberkörper und Wasser aus seinem Unterkörper

Was man zu beachten hatte, war allein 1. ein in Gedanken, Worten und Taten reines Leben zu führen, 2. den Buddha (bzw. später die Buddhas) und die Bodhisattvas in Liebe zu verehren, 3. den Vollendeten mit seinem Namen anzurufen (*Om namo Amitabhāya Buddhāya*) / *Om mani padme hūm* usw.), 4. dem Buddha nacheifern in seinem unendlichen Mitleid mit allen Kreaturen, 5. über die Vollkommenheit und Schönheit des Buddha und der Bodhisattvas zu meditieren.

Die neuen Schulen

Trotz dieser Veränderungen kann man aber in den Jahrhunderten nach dem Tode des Buddha nicht von einem Verfall, sondern eben nur von einer Veränderung der Lehre sprechen. Der Buddhismus bewies so an sich selbst die Wahrheit seiner These von dem ständigen Wandel, dem alles unterworfen ist. Verschiedene Wege bildeten sich heraus, das vom Buddha gezeigte Ziel zu erreichen, eine Entwicklung, die schon bei den unmittelbaren Schülern des Meisters einsetzt. Für Śāriputra war

Ānanda, der Lieblingsjünger Buddhas, mit der Wasserflasche (bemalter Marmor, Souei-Zeit, China)

die «Weisheit» das entscheidende Mittel, die «Befreiung» zu erlangen, für Ānanda war es die Güte, die *Bhakti*, wenn man will, für Maudgalyāyana waren es die okkulten Mittel.

Zweifellos hat die zunehmende Ausbreitung der Lehre mit zu den Veränderungen beigetragen. Die Mentalität der Völker, zu denen der Buddhismus gelangte, die Auseinandersetzung mit den alten Glaubensformen, auf die er traf, haben darin ihren Niederschlag gefunden. Von ihrem Stammgebiet Magadha aus hatte sich die Lehre zuerst nach Süden und Westen hin ausgebreitet, obwohl sie mehr dem Geist der Völker im Norden und Osten entsprach. Es kam hier und da zu einem inneren Bruch. Widerstreitende Ansichten über Einzelheiten bildeten sich, gewisse Rivalitäten entstanden. Schon ein Jahrhundert nach Buddhas Eingehen in das *Nirvāna* standen sich Orthodoxe und Modernisten gegenüber, und bald bildete sich eine Reihe von Sekten und Untersekten heraus.

Ein starkes konservatives Element hatte sich lange mit den Sthavira- oder Theravādins erhalten, die der neu aufkommenden moderneren «großen Gemeinde», den Mahāsanghikas, Widerstand entgegensetzte. Wenn diese Sekte auch, übereinstimmend mit den Orthodoxen, die Abkapselung der *Arhats* ablehnte, so legten ihre Mitglieder selbst ein so hochmütiges Gebaren an den Tag, daß ihre Wirkung auf das Volk unbedeutend blieb. Die Mahāsanghikas scheinen zwar eine große Literatur hervorgebracht zu haben, doch ist nur sehr wenig davon erhalten. Ihre Bedeutung liegt darin, daß sie in gewisser Weise den Grund für die Entstehung des Mahāyāna gelegt haben.

Der Kaiser Aśoka

256 Jahre nach Buddhas Tod wurde in Indien ein Kaiser namens Aśoka, der viele Menschen hatte töten lassen, durch einen *Arhat* wieder auf den Weg der Tugend geführt. Er schwor seinem bisherigen Leben ab und bekannte seine Untaten. Das berichtet der Tibeter Li-yul lo-rgyus.

Dieser Aśoka Priyadarśin war kein anderer als der Enkel des großen Candragupta, des Begründers der Maurya-Dynastie. Als Aśoka 273 den Thron bestieg, herrschten die Mauryas über drei Viertel des indischen Subkontinents. Obwohl der Grieche Ptolemäus, der Indien damals besucht hatte, berichtet, der Kaiser habe die Kunst verstanden, eines zu sagen und etwas anderes zu denken, ist kaum zu bezweifeln, daß Aśokas Wandlung aufrichtig war. Er scheint ehrlich gewünscht zu haben, sein Gewissen von der Schuld der Untaten, die unter seiner Führung im Kampf gegen den König von Kalinga an der Koromandel-Küste verübt worden waren, reinzuwaschen. Er hat, wie überliefert wird, das Mönchsgewand angelegt, unter dem heiligen Feigenbaum von Bodh Gayā meditiert, das Noviziat durchgemacht und eine 56tägige Wallfahrt unternommen.

Die Bekehrung Aśokas zum Buddhismus ist insofern bedeutend, als der Buddhismus nun von dem entscheidenden Machthaber gefördert und zur sittlichen Grundlage seiner Herrschaft gemacht wurde. In diesem Augenblick überschritt der Buddhismus gleichsam die Schwelle vom Bereich der Legende in den der Geschichte. Zum ersten Mal hinterläßt er ein schriftliches Zeugnis und eine Datenangabe: in den berühmten Felsedikten, die Aśoka hatte meißeln lassen und in seinem Reich aufstellte. Zwar erwähnt er, wie wir schon oben anführten, den Namen Buddhas nicht, zwar läßt sich seinen Edikten auch kein Widerschein des Dogmas entnehmen und spricht er nirgendwo vom *Nirvāna*, aber dennoch ist das Ganze von unbestreitbar buddhistischem Geist.

Aśoka verurteilte die populären Riten und «Ammenpraktiken», doch war er zu sehr Politiker, als daß er eine so eingewurzelte und auf ihre Art bewährte Institution wie die Kastenordnung zu beseitigen versucht hätte. Er suchte eine allgemeine Menschlichkeit zu verwirklichen, ohne sich selbst einer bestimmten buddhistischen Sekte anzuschließen, die er alle frei wirken ließ. Er sandte Missionare aus, Buddhas Wort zu verbreiten, gründete Klöster, baute Stūpas und betätigte einen praktischen Buddhismus, indem er Schulen und Hospitäler einrichten ließ. Er ließ Bäume entlang den Pilgerstraßen pflanzen, um den Pilgern Schatten zu geben, und soll sogar Pflegestätten für kranke Tiere errichtet haben.

Die Missionare, die Aśoka aussandte, sollen bis in den Mittelmeerraum gelangt sein. Wie Denis Saurat meint, war der Buddha den ersten Christen Syriens bekannt. Sie hätten sein heiliges Leben so erbaulich gefunden, daß er unter dem Namen Josaphat zum christlichen Heiligen wurde. Der Name Josaphat wird als Ableitung von Bodhisattva über Budsaif und persisch «Budasi» erklärt.

Die Mildtätigkeit Aśokas hatte freilich auch eine Schattenseite. Viele traten nur deshalb in die Klöster ein, um sich versorgen zu lassen. Die Mönche, die sich nicht mehr ihre Nahrung zu erbetteln brauchten, wie der Buddha es bestimmt hatte, verloren so den Kontakt zum Volk, und erst das Mahāyāna sollte sie wieder zu rechtem buddhistischem Mönchstum zurückführen.

Tibetische Mönche beim Lesen

Die Konzile

Schon ein Jahr nach dem Tode Buddhas fand in Rājagriha das erste Konzil statt, das die ersten Ansätze zu einem Kanon, dem späteren *Tripitaka*, erbracht zu haben scheint. 110 Jahre später traten die Führer der Gemeinde zu einem zweiten Konzil in Vaiśāli zusammen, auf dem die inzwischen offen zutagegetretenen Gegensätze ausgeglichen und die Lösung der in der jungen «Kirche» entstandenen materiellen Probleme versucht wurden. Im Jahre 253 v. Chr. berief Aśoka dann ein drittes Konzil nach Pātaliputra, seiner Hauptstadt, ein. Auf diesem Konzil sollten keine Dogmen festgelegt, sondern dem Buddhismus durch den Erlaß einer Mönchssatzung neue Festigkeit gegeben werden. Da es jedoch, entsprechend der Weisung des Buddha, kein geistliches Oberhaupt gegeben hatte, keinen Nachfolger des Erhabenen als Führer der Gemeinde, hatten sich die einzelnen Richtungen bereits so weit voneinander entfernt, daß nur die Vertreter der südlichen Glaubenszentren den Beschlüssen des Konzils zustimmten. Die nördlichen Buddhisten sollen dagegen schweigend das Konzil verlassen und ein eigenes Konzil in Jālandhara in

Kaschmir abgehalten haben. Der Bruch war also da, das Auseinanderlaufen der Lehre in *Hīnayāna* und *Mahāyāna* hatte seinen Anfang genommen.

Die heiligen Schriften

Es gibt kein Dokument aus der Zeit Buddhas, das Rückschlüsse auf die Gestalt eines Urkanons zulassen würde. Es muß jedoch zur Zeit Aśokas solch einen Urkanon oder doch wenigstens Teile eines solchen gegeben haben, denn Aśoka erklärt in seinen Felsedikten, was die Mönche, Nonnen und Laien wissen, rezitieren und tun müssen. Ohne Zweifel ist die Lehre lange mündlich überliefert worden, wenn es auch schon früh einzelne Texte in der Magadhasprache gegeben haben mag, von denen allerdings keine Spur übriggeblieben ist. Auch von den alten Sanskritschriften des *Mahāyāna* sind nur Bruchstücke oder Übersetzungen ins Chinesische und Tibetische erhalten, so daß das früheste schriftliche Zeugnis der ganzen Lehre im *Pāli-Kanon* des ceylonesischen *Hīnayāna* besteht, der zu Anfang unserer Zeitrechnung abgefaßt wurde.

Ceylonesische Mönche waren es, die im 1. Jahrhundert vor Beginn unserer Zeitrechnung den Kanon in schriftliche Form brachten. Das Pāli, die Sprache, die sie verwandten, war ähnlich wie das ältere Sanskrit eine Gelehrtensprache, die vom Volk kaum verstanden worden sein dürfte. Es muß eine langwierige Arbeit gewesen sein, denn erst nach manchen Versuchen scheinen die Texte eine endgültige Form erhalten zu haben. Jedoch dürften die wesentlichen Punkte der Lehre Buddhas hierbei unverändert geblieben sein. Vor allem an den *Sūtras*, den Reden des Buddha, scheint wenig geändert worden zu sein. Sie beginnen stets mit den Worten Ānandas: *«Also habe ich es gehört... Zu dieser Zeit hielt sich der Meister in... auf...»* Dennoch wird die Authentizität dieser Texte nur von den südlichen Buddhisten, den Anhängern des *Hīnayāna,* anerkannt.

Der Hinayanistische «Dreikorb»

Der «Dreikorb» (*Tripitaka*) besteht, wie der Name sagt, aus drei Hauptteilen. Das 1. Buch, der *Vinaya-Pitaka* oder «Korb der Ordensdisziplin», handelt von den Vorschriften des Klosterlebens. Der wichtigste Teil ist das «Buch der Pflichten» (*Pratimoksha*), es zählt 227 Beichtgegenstände auf; die Liste geht wahrscheinlich auf die Jünger des Buddha zurück. An jedem Neumond und an jedem Vollmond mußten die Mönche gemäß dieser Liste öffentlich beichten. Zwanzig

Kapitel des *Vinaya-Pitaka* befassen sich mit den äußeren Vorschriften, über Eintritt in den Orden, Ausschluß, das Leben im Kloster und die besonderen Vorschriften für Nonnen.

Der zweite Hauptteil ist das *Sūtra-Pitaka,* der «Korb der Lehrreden», der die eigentliche Lehre enthält. Es ist unterteilt in vier sogenannte «Sammlungen» (*Nikāyas*), denen die Reden, genauer Dialoge, je nach ihrer Länge zugeordnet sind bzw. danach, wieviel Gegenstände sie behandeln. Ein hieran anschließender fünfter *Nikāya* enthält Gedichtsammlungen wie das *Dhammapada* (Wort der Lehre), das *Udāna* oder die «ekstatischen Worte» und den *Theragāthā* oder «Gesang der Alten», ferner die berühmten *Jātakas* (wörtlich «Geburten»), die Erzählungen über die 550 früheren Existenzen des Buddha und die in diesen vom Meister verrichteten Wunder. Sie stellen ein unschätzbares Dokument über die alten Volkslegenden und den buddhistischen Volksglauben dar.

Der dritte Hauptteil, der «Korb der Metaphysik» oder *Abhidhamma Pitaka,* der zu einem großen Teil schon unter Aśoka redigiert worden sein dürfte, enthält Traktate über Moral und Philosophie sowie über die Widerlegung von Ketzereien. Dieser dritte Korb schwoll in den Jahrhunderten nach seiner Abfassung beträchtlich an. Jeder Gelehrte hatte seine eigene Interpretation und fügte dem Korb einen neuen Traktat hinzu. Einer der fruchtbarsten dieser Gelehrten war Buddhaghosha, der Bekehrer Ceylons, der nach 450 für die Mönche des Klosters Gauthakara auf Ceylon den «Weg der Reinheit» (*Visuddhi – Magga*) verfaßte.

Neben dem eigentlichen Kanon muß noch der *Milinda-Pañha* («Die Fragen des Milinda») erwähnt werden, eine Art Katechismus, der Dialoge über den Buddhismus zwischen dem griechisch-indischen König Menander und dem weisen Nāgasena enthält.

Die Gemeinde

Das Laientum

Der Buddhismus nimmt unter den Religionen eine Sonderstellung ein, insofern nämlich, als er kein Ritual kennt. Es gibt kein Sakrament, kein Glaubensbekenntnis oder Gelübde, durch dessen Ablegung man zum Buddhisten werden könnte. Der Laie ist allein dadurch Buddhist, daß er die Lehre des Buddha als Wahrheit anerkennt, daß er ihre moralischen Vorschriften befolgt, durch Spenden zum Unterhalt der Mönche beiträgt und die öffentlichen Predigten besucht. Es geht ihm nicht darum, sich sofort den Zugang zum *Nir-*

vāna zu erwerben, sondern er strebt zunächst nur nach einer besseren Wiedergeburt. Was man Kult nennt, besteht nur in den Darbringungen von Blumen, Kerzen und Weihrauch vor Buddhabildnissen und in der Teilnahme an gewissen religiösen Festen. Das, was die Mönche die Laien lehren, betrifft vor allem die Beziehungen zu den anderen. Ein Vers aus dem *Dhammapada* faßt zusammen, worauf es für den Laien ankommt.

«Durch das Aufgeben der Zorngefühle soll man den Zorn überwinden.
Durch das Gute soll man das Übel überwinden.
Durch Freigebigkeit soll man den Geiz überwinden.
Durch die Wahrheit soll man die Lüge überwinden.»

Die Eltern sollen darüber hinaus ihre Kinder von der Sünde fernhalten und sie zum Guten erziehen. Sie sollen sie belehren, für ihre Verheiratung sorgen und ihnen ein Erbteil überlassen.

Die Kinder sollen ihre Eltern im Alter unterhalten, sie sollen die Güter des Hauses nicht verschwenden und ihren Eltern, wenn diese tot sind, ein gutes Andenken bewahren.

Der Lehrer soll seinem Schüler mit Zuneigung begegnen, ihn das Gute und das Schöne lehren und seine Ablenkung zügeln. Er soll den Schüler weder zu Unrecht tadeln noch den einen vor den anderen sonderlich loben. Außerdem soll er seinen Schüler vor Gefahren schützen.

Der Schüler wiederum soll den Lehrer ehren, sich respektvoll vor ihm erheben, wenn er eintritt, ihm gehorchen und dienen und aufmerksam seinem Unterricht zuhören.

Der Gatte liebe und achte seine Frau, er behandele sie freundlich und sei ihr treu, wie er auch darüber wachen soll, daß die anderen sie achten. Er gebe ihr Kleidung und Schmuck, soviel sie nötig hat.

Die Ehefrau sei ihrem Gatten treu und bezeige ihm gegenüber Zärtlichkeit, sie halte den Haushalt in Ordnung, sei gastfreundlich gegen die Eltern und Freunde des Gatten und tue alles mit freudigem Eifer.

Freunde sollen einander Geschenke machen, die Beziehungen zueinander pflegen, gegenseitig am Ergehen Anteil nehmen und nicht miteinander streiten. Nur der ist ein guter Freund, der für den anderen eintritt wie für sich selbst und immer für ihn eine Zuflucht bereit hat, der ihm auch im Unglück treu bleibt und auch der Familie des Freundes ein Freund ist.

Der Herr soll für das Wohlergehen seiner Diener sorgen, sie nicht über ihre Kräfte beschäftigen, ihnen einen angemessenen Lohn zah-

Gebet vor dem Bild eines Buddha

len und sie pflegen, wenn sie krank sind. Er soll ihnen darüber hinaus nach ihrem Tode eine würdige Grabstätte geben, er soll ihnen auch ab und zu eine kleine Freude machen und ihnen von Zeit zu Zeit Urlaub geben.

Anderseits soll ein Diener früher als sein Herr aufstehen und später als er schlafen gehen. Er soll zufrieden sein mit dem, was man ihm gibt, wenn es angemessen ist. Er soll seine Arbeit willig tun, seinen Herrn beschützen und ihn auch in Krankheit und Not nicht im Stich lassen.

Auch die Mönche und Laien haben gegeneinander wechselseitig Pflichten zu erfüllen. Der Laie sei dem Mönch dienstbar, sobald er

dessen bedarf, er behandle ihn mit Respekt und sorge für seinen Lebensunterhalt. Der Mönch warne den Laien vor der Sünde, ermahne ihn zur Tugend und belehre ihn. Er helfe ihm in religiösen Zweifeln und zeige ihm den Weg, der zur Glückseligkeit führt.

«Wenn ihr das tut, o Gläubige, werdet ihr den Frieden und die Sicherheit gewinnen ... Freigebigkeit, Geduld, Höflichkeit, Uneigennützigkeit und Reinheit sind die Tugenden, die die menschliche Gesellschaft zu ihrem Gedeihen braucht wie der Wagen seine Räder.»

Das Mönchstum

Die Gläubigen brauchen an sich keinen Priester, aber sie brauchen in den Mönchen ein Vorbild, das ihnen zeigt, welchen Weg man gehen muß, wenn man das Heil finden will. Das ausgeprägte Ritual, das man später im lamaistischen *Vajrayāna* findet, wie das Hersagen bestimmter Formeln, tägliche Gebetsstunden, bestimmte Trachten und sonstige Praktiken, sind im Grunde unbuddhistisch und von außen entlehnt.

Der Mönch des *Hīnayāna* ist in der Tat kein Priester, er fungiert nicht als Vermittler zwischen dem Menschen und dem Transzendenten, verrichtet keine Opfer und hält keine Gottesdienste ab. Er ist nichts als Mitglied einer Bruderschaft, die der Welt entsagt hat und gemäß den Lehren des Buddha lebt. Viele legen die gelbe Mönchsrobe nur für eine bestimmte Zeit an, denn es gibt kein ewiges Gelübde, das sie an den Orden bindet. Besonders in Nepal, Burma, Laos und Kambodscha ist es üblich, einige Zeit in einem Kloster zu verbringen.

Der Buddha scheint sich während seiner letzten Lebensjahre sehr um die Organisation des Mönchstums gekümmert zu haben. Er hat eine Reihe von Regeln erlassen und versucht, durch Ratschläge den Menschen das Tragen der Bürde ihrer leidvollen Existenz zu erleichtern. Der Mönch braucht sich durchaus nicht irgendwelchen Dogmen zu unterwerfen, es steht ihm im Grunde frei, ob er die Regeln befolgen will oder nicht, einzig die Fortschritte, die er auf dem Wege zur «Befreiung» macht, sind entscheidend. Der Buddha selbst hat davor gewarnt, sich einer allzu strengen Askese hinzugeben.

«Es gibt zwei Dinge, ihr Schüler, die man meiden muß: Ein ausschweifendes Leben, es ist gemein und sinnlos. Und ein Leben der Selbstabtötung, es ist ebenso nutzlos und sinnlos.»

Junger Mönch

In der ersten Zeit gab es keine festen Klöster, sondern die Mönche wanderten umher. Die ersten festen Gemeindezellen hatte der Buddha selbst auf Gütern gegründet, die ihm von bekehrten Fürsten geschenkt worden waren. Da die Lehre keinen Unterschied zwischen den Menschen, z. B. auch keine Kastenordnung, anerkannte, stand der Eintritt in den Mönchsorden jedem offen. Zu einem Brahmanen, der ihn fragte, welcher Kaste er angehöre, soll der Buddha einmal gesagt haben: *«Ich bin weder ein Brahmane noch ein Fürstensohn, ich bin auch kein Bürger. Ich bin einfach ein Mensch, arm aber gedankenvoll, und ich wandere durch die Welt. Ich gehe im Mönchsgewand einher, heimatlos mit geschorenen Haaren und heiterem Herzen. Ich lasse mich nicht auf die Alltagssorgen ein. Ohne Sinn ist deine Frage nach meiner Kaste.»*

Die drei Mönchsregeln

Neben sehr minutiösen Vorschriften wie: nur auf der rechten Seite zu schlafen, mit den Fingern zu essen, nicht mit vollem Munde zu sprechen oder «auf den Napf des Nachbarn zu schielen», hat der Buddha drei Grundregeln für das Mönchsleben erlassen:

1. den Verzicht auf jedes Eigentum mit Ausnahme von neun Gegenständen (drei Gewandstücke, Rasiermesser, Nadel, Wassersieb, Fächer, Gürtel und Almosenschale),
2. strikt das Gebot des Nichtverletzens einzuhalten,
3. strenge Einhaltung des Zölibats.

Das Gebot der Armut wurde ergänzt durch die Vorschrift, daß der Mönch sich seinen Lebensunterhalt zu erbetteln habe. Er soll zwei Stunden nach Sonnenaufgang losgehen und den Gläubigen seine Almosenschale entgegenhalten. Die einzige Mahlzeit des Tages wurde in der Regel gegen zehn Uhr morgens eingenommen. Am Nachmittag war es nur noch erlaubt, etwas zu trinken.

Die Almosenschale galt gleichsam als Symbol der Mönchswürde, und oftmals vermachte der Lehrer seine Schale einem seiner Schüler, um ihn auszuzeichnen. Für die empfangenen Gaben sagt der Mönch kein Wort des Dankes, da nicht er dem Spender etwas schuldet, sondern der dafür dankbar sein muß, daß der Mönch ihm Gelegenheit gab, etwas Gutes zu tun und so sein religiöses Verdienst zu vermehren. Daneben wird das Betteln als Schule der Demut und nützliche Möglichkeit, ohne einen Broterwerb ganz dem Glauben leben zu können, geschätzt.

Die besondere Betonung des Nichtverletzens erklärt sich wohl auch als Reaktion gegen das im Brahmanismus zu jener Zeit herrschende Opferwesen. Der Glaube an die Verwandtschaft der Tiere mit den Menschen durch die Wiedergeburtstheorie hatte sich zudem mit einem allgemeinen Mitleid verbunden, das der Mönch besonders üben sollte. Im *Udāna* heißt es: *«Mein Denken hat die ganze Welt durchwandert. Nirgendwo habe ich etwas gefunden, was dem Menschen lieber ist als sein eigenes Ich . . . Da den anderen auch ihr Ich lieb ist, darf, ... wer sein eigenes Wohl wünscht, keinem anderen (Wesen) ein Leid zufügen.»*

In der Tat hat der Buddha die von Natur so kriegerischen Mongolen und Tibeter besänftigt. Wenn man das friedliche Gebaren der Sojoten oder Khalkhas heute sieht, möchte man kaum glauben, daß sie die Nachkommen Dschingis-Khans sind. Das Gebot des Nichtverletzens schließt den Verzicht auf Fleischnahrung von solchen Tieren ein, die eigens dazu getötet worden sind. Besonders strenge Gruppen gehen sogar so weit, Milch und Eier als Nahrung zu verbieten, weil sie von Tieren stammen. Andererseits ist im Süden Indiens der Fischfang für Buddhisten erlaubt gewesen. Man tröstete sich damit, daß sich der Fisch durch seine eigene Gefräßigkeit an die Angel brächte.

Das Gebot der Keuschheit wird damit begründet, daß jede Beziehung zu einer Frau eine tiefere Bindung an diese oder ein gemeinsames Kind nachziehe, die unvereinbar mit dem Mönchsleben sei. Auch die physische Energie sollte ganz der Meditation gehören. Darüber hinaus hatte der Buddha ohnehin eine Abneigung gegenüber Frauen: *«Man soll sich vor den Frauen hüten. Auf eine kluge kommen tausend dumme oder schlechte. Der Charakter der Frau ist verborgener als der Weg, den der Fisch im Wasser nimmt. Sie ist wild wie ein Räuber und ebenso hinterhältig. Nur selten spricht sie die Wahrheit: für sie sind Wahrheit und Lüge dasselbe . . .»*

Der Buddha soll nach der Überlieferung die zweite Frau seines Vaters, seine Tante, die ihn erzogen hatte, monatelang vor der Tür haben warten lassen, ehe sie zu ihm durfte. Erst spät räumte er ein, daß auch Frauen gut sein könnten, und gestattete die Gründung von Nonnengemeinschaften. Und über die Frage, ob Frauen überhaupt der «Erleuchtung» teilhaftig werden könnten, sollen lange Dispute zwischen Buddha und seinen Schülern geführt worden sein. Ja, es herrschte die Meinung, daß das Los, eine Frau zu sein, die Quittung für einen wenig guten Lebenswandel in der vorigen Existenz sei.

Ein populärer tibetischer Text spiegelt gut diese buddhistische Einstellung gegenüber den Frauen wider. In einem Dialog erklärt ein Mönch einem Mädchen, warum er sie aus seinem Wege weise:

Die Nonnen, deren Haupthaar wie bei den Mönchen geschoren ist, weben selbst die Stoffe für ihre Gewänder

«Die Frauen sind die Ursache der drei Verderbnisse. Der Umgang mit Frauen kann dem Mann nur schaden. Die Frauen sind ein Unglück für die Männer in dieser und in der anderen Welt. Wer sich nach Frauen sehnt, findet keinen Frieden, wer sich nach Frauen sehnt, sollte sie fliehen ... Die Frauen sind so sicher die Ursache der Sünden, wie die Buddhas nicht von ihnen geboren werden ... Diese Welt wird noch an den Frauen zugrundegehen.»

In den Ländern Südasiens müssen die Frauen noch heute jeden Kontakt mit einem Mönch meiden. Sie dürfen die Almosenschale nicht berühren, wenn sie ihre Gabe hineinlegen, sie dürfen nicht auf die Matte treten, auf der der Mönch sitzt, oder ihn ansprechen.

Nonnenklöster haben sich in China, Annam, Kambodscha und Siam erhalten. Die Frauen tragen Haupthaar und Brauen geschoren, kleiden sich in weiße oder gelbe Gewänder und leben nach den Mönchsregeln. Die Nonnenklöster verwalten sich selbst, unterstehen jedoch der Oberaufsicht des Abtes eines benachbarten Mönchsklosters.

Das Gebot der Keuschheit schließt nicht nur ein Eheverbot ein, sondern jede körperliche Berührung mit einem weiblichen Wesen überhaupt, also auch den Händedruck. Benutzt ein Mönch ein Reittier, so darf dieses keine Stute sein. In den letzten Jahren hat sich die

Strenge dieses Gebots etwas gelockert, aber es ist noch nicht lange her, da durfte ein Mönch kein Fahrzeug, Autobus, Schiff, Eisenbahnabteil benutzen, in dem sich eine Frau befand. Er darf sie freilich auch jetzt nicht ansehen, geschweige mit ihr sprechen, und in Kambodscha verbergen die Mönche ihr Gesicht hinter ihrem Fächer.

Einige lamaistische Sekten, z. B. die Saskyapa, die «Rotmützen», halten das Zölibat nicht ein, sondern verheiraten sich. Dabei gilt ihnen der Verkehr mit einer Frau nicht nur als erlaubt, sondern sogar, ähnlich wie bei den hinduistischen Śāktas, als nützlich für die Gewinnung des Heils. Dem großen Reformator Tsong Kha Pa kommt das Verdienst zu, mit der Gründung des «Gelbmützen-Ordens» dieser Entwicklung Einhalt geboten und die Beachtung des Zölibats im tibetisch-mongolischen Buddhismus wieder durchgesetzt zu haben.

Im *Pratimoksha* hat der Buddha die Sittenlehre in sechs einfache Gebote zusammengefaßt: Der Mönch soll nicht stehlen, verletzen, unkeusch leben, lügen, keine berauschende Getränke zu sich nehmen und Vergnügungen wie Tanz, Theater und Musik meiden, ebenso jeden Luxus wie das Verwenden von Parfümen, das Schlafen in «warmen und breiten» Betten, ferner soll er kein Geld annehmen.

Bald wurden dann 250 weitere Verbote hinzugefügt. An jedem Vollmond und jedem Neumond bekennen, wie wir schon sagten,

Der Abt eines Lamaklosters ist stets ein Mann von hoher Bildung

Mit dem Bettelsack in der Hand, macht sich der Mönch auf, seine Nahrung bei den Gläubigen zu erbetteln. Den Fächer hält er bereit, sich hinter ihm von der Welt abzuschließen

die Mönche öffentlich ihre Verfehlungen, nachdem sie gemeinsam die Verlesung der Verbote angehört haben. Zum Zeichen der Reue entzünden sie Kerzen. Unter all diesen Verboten findet man übrigens nicht das der Blasphemie, denn es gibt keine göttliche Person und kein heiliges Dogma, das entwürdigt werden könnte.

Der Eintritt in ein Kloster wird festlich begangen. Zuerst müssen die Freunde den künftigen Mönch dreimal auffordern, doch nicht den Freuden des Lebens zu entsagen. Daran schließt sich eine Art Verhör durch einen Mönch: «Bist du eine Frau? Bist du krank? Hast du Schulden? Hast du Frau und Kinder? Glaubst du an die Lehre von der Wiedergeburt? usw.» Danach muß sich der künftige Mönch sämtliche Körperhaare rasieren lassen. Er wird mit Weihwasser besprengt, empfängt seine Mönchsgewänder und die vorgeschriebenen neun Gegenstände, den einzig erlaubten Besitz, die auf einer Tragbahre herbeigebracht werden. Er nimmt die Dinge symbolisch an sich, indem er sie mit einem Stock berührt. Das soll anzeigen, daß er in Zukunft nichts mehr von Hand zu Hand entgegennehmen wird.

Für die Lebenden und Toten wird ein Napf reinen Wassers zur Erde gegossen. Sein erster Dienst ist dann das Anhören der Litanei von den «108 offenen Türen des *Dharma*», die ein alter Mönch verliest.

Außer dem Studium und der Meditation, die intensiv nur von einer kleinen Anzahl von Mönchen betrieben werden, besteht die Hauptbeschäftigung im Kloster im gemeinsamen Rezitieren von Texten, in der Belehrung der Laien am 8. und 15. Tag des zunehmenden Mondes und der Teilnahme an sehr zahlreichen, religiösen Festen, deren wichtigste auf den Mönchsversammlungen (*Sanghakarma*) festgesetzt werden. Die Belehrungen durch die Oberen werden weder diskutiert noch kommentiert. Die Pflicht des Gehorsams braucht nicht besonders betont zu werden, da das Verlöschen dessen, was wir Persönlichkeit nennen, ohnehin das Ziel ist.

Im allgemeinen sind die Klöster Gebäudekomplexe ohne besondere bauliche Betonung ihres Charakters. Im Kloster wohnen die Mönche nicht nur, sie halten dort auch ihre Lesungen und Konvente ab und unterrichten die Gläubigen an den vorgeschriebenen Tagen. In Nebengebäuden befindet sich meist die Bibliothek und eine Herberge für Pilger.

Auch die *Vihāras* (Klosterhallen) haben die Wandlungen der Lehre geteilt. Nicht sehr glücklich *Pagoden* genannt, wurden sie in Hinterindien und auch in Ceylon zu komplizierten architektonischen Gebilden, die mit reichem Schmuckwerk, Fresken, Goldbelag und sogar Edelsteineinlagen versehen wurden. In Tibet hingegen machte es das rauhe Klima nötig, die Klöster mit dicken Mauern zu versehen, so daß sie wie Festungen aussehen. Hier im Norden, wo es fast immer kalt ist, halten sich die Mönche meist im Klosterinnern auf. In den wärmeren Gegenden aber sind sie den ganzen Tag im Freien und suchen nur zum Schlafen ihre Zellen auf. Die wandernden Mönche dürfen sich zudem in der Regenzeit in den öffentlichen Bethallen, den *Vihāras*, niederlassen. Der Mönch soll übrigens nach Möglichkeit sitzend, zumindest aber auf der rechten Seite liegend schlafen. Einmal im Monat soll er eine Nacht wachend an Gräbern verbringen, um über die Vergänglichkeit nachzudenken.

Nicht überall bleiben die Mönche bei dem ihnen von Buddha zugedachten Tun. Vielfach geben sie durch ihre Anwesenheit bedeutenden Ereignissen im Leben der Gläubigen Weihe, helfen Sterbenden, «gut den letzten Schritt zu tun», oder betätigen sich als Ärzte. In Vietnam, Tibet oder der Mongolei stellen sie auch Horoskope und vertreiben die Dämonen.

Man kann nun aber den Buddhismus nicht in einzelne Gemeinden auflösen, die locker derselben Lehre folgen. Es ist eine in sich geschlossene Gemeinschaft. Übrigens hat der Buddha entgegen dem, was man nach seiner Lehre glauben könnte, nicht einen Meditations-Orden gründen wollen. Energisch und kämpferisch, wie er war, wollte er ein Korps schaffen, das ständig im – geistlichen – Einsatz sein sollte. Die Vorschrift, ein kontemplatives Leben zu führen, sollte auch die Möglichkeiten für Studien und die religiöse Belehrung der Laien verbessern.

Der Buddha hat es abgelehnt, eine einheitliche Oberleitung der Gemeinde einzusetzen, einen Nachfolger als religiösen Führer seiner Anhängerschaft nach seinem Tode. Er hat einfach gesagt, jeder Mönch müsse von denselben Gedanken beseelt sein, die ihn einst auf den Weg zur Erleuchtung geführt hätten.

Wie es einst der Buddha getan hat, soll der Mönch sein «Nichtwissen» beseitigen und das Mitleid zu gewinnen suchen, ohne sich um den Himmel zu kümmern, von dem er weder Hilfe noch Offenbarung erwarten kann, und ohne sich gegen das Gefängnis der Wiedergeburt aufzulehnen. Der Mönch brauche weiter nichts zu tun, als ihm nachzufolgen und den von ihm, dem Buddha, verkündeten Weg zur Befreiung zu lehren. Die Quintessenz, die er immer wieder predigen soll, ist, daß es nur ein Mittel gegen das Leid des Daseins und des Todes gibt: nicht mehr wiedergeboren zu werden.

«Deshalb, Ānanda, sollt ihr euren Weg fortsetzen . . . und die Lehre zur Lampe nehmen (die euch auf diesem Weg leuchtet) zur Zuflucht und nichts anderem.»

Der Zusammenhalt der Gemeinde hat den Buddhismus über die

Jahrtausende erhalten und die Lehren des Buddha bewahrt. Wenn er auch mit dem Wiedererstarken des Brahmanismus in Indien verdrängt wurde, der dem wundergläubigen Volk mehr entgegenkam und den Einzelnen in den Schoß der Familie, der Kaste, des Kollektivs zurückführte. Sicherlich ist auch die zunehmende Verweltlichung der Klöster daran mit schuld. Schließlich haben die Mönche auch die Schrekken der kriegerischen Einfälle jener Zeit am meisten zu spüren bekommen.

Jeder Mönch bringt einen Teil des Tages mit der Meditation und dem Lesen der heiligen Texte zu

Der Buddhismus in Indien

Weder die Unterstützung durch den Staat zur Zeit des Kaisers Aśoka noch die Konzile hatten die Spaltung der Gemeinde verhindern können. Doch waren es im Grunde nur Abwandlungen der Lehre, die sich vollzogen und in den Texten ihren Niederschlag fanden, keine grundlegenden Umwandlungen. Die Veränderungen entsprachen der verschiedenen Mentalität der Völker, zu denen der Buddhismus gelangt war. Im Süden, wo ein feuchtes und heißes Klima herrschte, hatte man wenig Neigung zu spitzfindiger Dialektik und blieb den alten Lehren treu, in den nördlichen Ländern dagegen entstand mit dem *Mahāyāna* eine breite Reformbewegung, die manches Neue erbrachte.

Buddha-Bildnisse bezeugen, daß da, wo heute Dschungel ist, einst blühende Kultstätten waren (Ceylon)

Das Hīnayāna

Das *Hīnayāna* oder «kleine Fahrzeug» (zum *Nirvāna*, auf dem nur wenige Platz haben) hat ohne Zweifel am reinsten die alten Lehren bewahrt. In ihm stehen die alten Begriffe im Vordergrund:

Der Buddha als historische Persönlichkeit,
der *Dharma*, die Lehre,
der *Sangha*, die Gemeinde der Gläubigen.

Während das *Mahāyāna* ein ganzes Pantheon von Buddhas und Bodhisattvas ausbildet, kennt das *Hīnayāna* nur den einen einzigen Buddha. Die Hinayanisten gründen ihren Glauben auf ein historisches Ereignis, die Mahajanisten auf die schöpferische Einbildungskraft, die zu ihrer Gültigkeit keiner historischen Persönlichkeit bedarf.

Ausgangspunkt im *Hīnayāna* bleibt die Idee der Leidhaftigkeit der Existenz und der vom Buddha gewiesene mühevolle Weg zu ihrer Überwindung. Es blieb auf einer einfachen klaren Linie und wies theologische Spekulationen zurück. Es fühlt sich an den Text, das überlieferte Wort, gebunden, nicht an einen Geist, den man entnehmen oder auch hineinlegen kann. Es machte allerdings aus dem abstrakten *Nirvāna* eine Art Paradies und gab dem Einzelnen eine mit *Karma* beladene Seele und verlieh dem Buddha eine wunderbare Macht. Anstatt sich gedanklichen Spekulationen hinzugeben, wandten sich die Hinayanisten der Mystik zu.

Das eigentliche Stammland des *Hīnayāna* ist Ceylon, wo es noch heute in Anurādhapura die Ruinen eines der größten buddhistischen Heiligtümer gibt. In Kandy, wo als kostbare Reliquie ein angeblicher Zahn Buddhas aufbewahrt wird, entstand früh eine buddhistische Universität mit einer unschätzbaren Bibliothek. Lange Zeit standen sich die beiden Richtungen beinahe feindlich und in ganz unbuddhistischer Abneigung gegenüber. Die Hinayanisten waren erschrocken über die Veränderung der Lehre, die von der Volksreligion kommende sogenannte tantrische Einflüsse mit sich brachten, die Mahayanisten anderseits verachteten die «rückständigen» Mönche des Südens. Der Ausdruck «*Hīnayāna*», der von den Mahayanisten geprägt wurde, hatte ja in der Tat ursprünglich einen verächtlichen Klang. In Kambodscha spaltete sich die Gemeinde in zwei weitere Sekten, die Mahānikāyas, den «großen Haufen», die die alte aus Indien eingeführte Tradition vertraten, und die Thomajuts, die sich davon losgesagt hatten. Diese Sekte, die sich auch «königliche» nannte, beanspruchte, die Texte besser zu verstehen und die Vorschriften strenger zu beachten.

Das Mahāyāna

Mahāyāna, das «große Fahrzeug», nannte sich die in den nördlichen Ländern entstandene neue Richtung, die nicht nur wenigen Auserwählten, sondern möglichst vielen ein «Fahrzeug» zum Heil sein wollte. Das *Mahāyāna* sagt, daß der Mensch in der Regel nicht fähig ist, auf dem von Buddha gegangenen Weg aus sich selbst die Befrei-

ung zu finden. Buddhist sein, heißt für sie, geistliche Zuflucht beim Buddha zu suchen, einer Macht, die fähig ist, den Menschen zu erretten, mit anderen Worten, sich der göttlichen Gnade und Barmherzigkeit anzuvertrauen. Letztes Ziel des Mahayanisten ist es nicht, ein Buddha, ein Erleuchteter zu werden, sondern ein Bodhisattva, der die anderen zur Erleuchtung führen kann. Nächstes Ziel ist, zum *Sukhavatī*, dem Himmel des Buddha Amitābha, einzugehen. Diese Vorstellungen waren in Umrissen schon in den ersten beiden Jahrhunderten nach Buddhas Tod bekannt, doch wurden sie auf dem Konzil von Pātaliputra im Jahre 253 v. Chr. verworfen. Um den Beginn unserer Zeitrechnung gewannen sie aber wieder an Boden und breiteten sich unter der Herrschaft des Kaisers Kanishka im 1. Jahrhundert unserer Zeitrechnung weiter aus. Eine unermeßliche Sanskritliteratur entstand, deren Gedanken wesentlich komplizierter als die vom *Hīnayāna* vertretenen waren. Die bedeutendsten Werke dieser Literatur sind das *Lalita-Vistara,* eine Buddha-Biographie, das *Saddharma-Pundjarīka,* das Buch vom «Lotos des guten Gesetzes», und das *Mahāvastu,* das erläutert, wie man das Ideal eines Bodhisattva erfüllen kann.

Das *Mahāyāna* ist also im wesentlichen das Werk von Kommentatoren, die beanspruchten, den hinter dem Buchstaben der Texte verborgenen wahren Geist und die wahren Absichten des Buddha ans Licht zu bringen. Es hat das Mönchswesen durchaus beibehalten, sich geistig in den Bereich der theologischen Spekulation begeben. Das mußte natürlich zu den verschiedensten Ergebnissen führen.

Zwischen dem 2. und 5. Jahrhundert n. Chr. entwickelte sich das *Mahāyāna,* das wohl auch indirekt die Wiedererweckung des Brahmanismus bewirkt hat, zu seiner eigentlichen Form. Den mahayanistischen Kirchenvätern und Gelehrten – Nāgārjuna, Aśvaghośa, Āryadeva, Śāntideva – folgte ein Śamkara, bei dem man sich fragen kann, ob er die in den vorausgegangenen Jahrhunderten entwickelten buddhistischen Ideen für die Bildung eines neuen Brahmanismus verwandt hat oder ob er sich die Eroberung des Buddhismus durch die Metaphysik zunutze gemacht hat, indem er, eben nachdem der Kanon fertiggestellt war, daran erinnerte, daß der Buddha die Metaphysik verurteilt hatte. Man darf freilich nicht vergessen, daß die Wurzeln des *Mahāyāna* bis in den Veda zurückreichen. Von hier kam im Grunde der Anstoß, den Buddhismus philosophisch zu erneuern.

Der Mahāyāna-Buddhismus des Nordens ist durch das Aufkommen weiterer Buddhas neben dem historischen gekennzeichnet. Die wichtigsten sind die fünf Dhyāni- oder Meditationsbuddhas (China, Tang-Zeit)

Die Himmel des Brahmanismus ersetzte das *Mahāyāna* durch ein buddhistisches Pantheon, indem es gewisse Volksgottheiten assimilierte und diesen über ihren mythischen Gehalt hinaus eine metaphysische Vertiefung verlieh. Auf diese Weise entstanden z. B. die Meditationsbuddhas (Dhyānibuddhas), die auch Jinas (Sieger genannt werden, die Hüter der fünf Himmelsrichtungen. Obgleich sie verschiedene Namen und verschiedene Attribute tragen, sind die fünf Jinas einander ähnlich. Sie sind die Aspekte des Absoluten und bezeichnen durch ihre Posituren (*Āsanas*) und Handhaltungen (*Mudrās*) zugleich eine bestimmte Phase der Erleuchtung des Buddha. Wir werden bei der Besprechung des Yoga-Tantrismus noch darauf eingehen.

Mit ihrem geistigen Leib (*Dharmakāya*) sind die Dhyānibuddhas im *Nirvāna*. Da sie so unerreichbar sind, hat man ihnen einen «Glückseligkeitsleib» (*Sambhogakāya*) verliehen, mittels dessen sie als Bodhisattvas in der Welt wirken können, indem sie von Fall zu Fall eine bestimmte Gestalt, den Transformationskörper (*Nirmānakāya*), annehmen.

Dem Dhyānibuddha Amitābha entspricht so als Glückseligkeitsleib der Bodhisattva Avalokiteśvara, der den historischen Buddha Gautama als seinen Transformationskörper zur Erde gesandt hat. Hier liegen zweifellos brahmanistische Einflüsse vor. So erinnert die Charakterisierung des *Dharma*, des «Gesetzeskörpers», als etwas, das jenseits der Erscheinungswelt liegt, dem Absoluten identisch ist, sehr an das *Brahman*. Die Vereinigung dieses Absoluten, manifestiert im Dhyānibuddha, mit dem Inkarnationsleib eines leiblichen irdischen Buddha ist dann gleichsam der «Heilige Geist».

Auch das Ideal hat sich gewandelt; während es im *Hīnayāna* das Ziel war, ein *Arhaṭ* zu werden, der für sich dem *Nirvāna* entgegengeht, ist jetzt der Bodhisattva das Leitbild, der, reif zum Eingehen in das *Nirvāna*, darauf verzichtet, um die anderen zum Heil zu führen. Dieser Gedanke, so viele wie möglich dem Strom der Wiedergeburt zu entreißen, ist ganz im Sinne der alten Lehre. *«Wenn du befreit bist, so befreie (die anderen)»*, hatte der Buddha gelehrt, *«wenn du das andere Ufer erreicht hast, so hilf den anderen hinüber.»*

Der «Lotos des guten Gesetzes» vergleicht die Welt mit einem brennenden Haus, das die Einwohner in einem Fahrzeug verlassen wollen. Dieses Fahrzeug (*Yāna*) soll nach dem *Mahāyāna* groß (*mahā*) sein und vielen Platz bieten. Wer nur die vier edlen Wahrheiten verstanden hat, wird sich mit einem kleinen von einer Ziege gezogenen Wagen zufriedengeben, wer darüber hinaus selbst Ursachen und Wirkungen in der Welt durchdringen will, wählt einen von einem

Rehbock gezogenen Wagen, wer aber alle erretten und zum *Nirvāna* führen will, setzt sich in einen großen, von starken Ochsen gezogenen Wagen. Wer so handelt, gleiche dem Vollendeten, der auch nicht eher habe in das *Nirvāna* eingehen wollen, bevor die Welt erleuchtet sei.

Das *Hīnayāna* hatte angenommen, daß vor dem historischen Buddha Gautama schon sechs Buddhas auf Erden gelebt hatten, diese

Der Bodhisattva Manjuśrī, die Verkörperung der Weisheit (Vergoldete Bronze, Tibet, 17. Jh.)

Zahl erhöht sich im *Mahāyāna* auf 24. Am Anfang dieser Reihe von irdischen Buddhas steht der ewige Ādibuddha, der «Anfangsbuddha».

Auch die *Bhakti*, die Gottesliebe, tritt wieder stärker in den Vordergrund. Der Dhyānibuddha Akshobhya, der «Unbeirrbare», der den Osten regiert, sollte sie lange Zeit dem Buddha Amitābha («Unendliches Licht»), der über den Westen herrscht, streitig machen. Am Ende nimmt Amitāyus («Unendliches Leben») den ersten Platz ein. Und mit dem Bodhisattva Avalokiteśvara, dem «Herrn, der gnädig herabblickt», rivalisiert in der Gunst der Menschen Manyuśrī, die personifizierte Weisheit. Endlich erwartet man auch einen künftigen Buddha, Maitreya, der auf die Erde kommen wird, um das Werk der Erlösung zu vollenden – dann, wenn die Menschen ein Alter von 80 000 Jahren erreicht haben werden.

Da im *Mahāyāna* alle ein Recht auf das religiöse Heil haben, beschäftigt sich die Literatur vorwiegend damit, die Formeln für die Annäherung der Menschen an die Buddhas und Bodhisattvas herzustellen. Gebete werden eingeführt, ein reicher Bilderkult und ein gewisses Zeremoniell bildeten

Maitreya (?), der künftige Buddha (Gräko-indisch)

sich aus. Es ist offenbar, daß diese Äußerlichkeiten nichts mit dem zu tun haben, was der Buddha einst als die Erweckung bezeichnet hatte. Das Karmagesetz behielt seine Geltung. Jedoch wurde durch das Prinzip der *Bhakti*, der in einer ausschließlichen Sorge für das eigene Heil liegende Egoismus, nützlich gedämpft. In der Tat wurde hier durch das Vertrauen und die Gnade der Buddhas und Bodhisattvas die menschliche Ohnmacht und Nichtigkeit stärker empfunden als da, wo man an die Befreiung aus eigener Kraft glaubte. So ist das *Mahāyāna* eine hohe Schule der Demut, Aufrichtigkeit und Reinheit, die die Menschen lehrt, daß die Vollendung nur dann erreicht werden kann, wenn man kein religiöses Verdienst mehr zu erwerben braucht. Der fromme Mahayanist erwartet nicht, sogleich in das *Nirvāna* einzugehen. Geduldig sucht er, den Lebensdurst zu überwinden und sich der Gnade der Buddhas und Bodhisattvas würdig zu erweisen, um am Ende selbst zu einem Bodhisattva zu werden.

Noch in der ersten Hälfte des ersten nachchristlichen Jahrtausends breitete sich das *Mahāyāna* nach Nepal, Tibet und China, etwas später auch nach Japan hin aus. In den beiden letztgenannten Ländern sollte es zu einer Massenreligion werden, ohne jedoch einen Nationalglauben zu begründen. In den kälteren Ländern wie Tibet und der Mongolei dagegen drang es mehr in der Stille durch und wurde zu einer Mönchsreligion, bei der zwischen den zahlreichen Klöstern und der Außenwelt eine Kluft bestand.

Die Klöster hatten in diesen Ländern eine große Macht, vor allem deshalb, weil die Mönche als Träger übernatürlicher Kräfte galten und die Äbte vielfach sogar als Inkarnationen von Bodhisattvas auftraten. Dieses Bewußtsein einer Heiligkeit war es, das der Lehre erlaubte, sich ohne Schaden mit primitiven Kulten zu verbinden, animistischen Anschauungen, dem Glauben an Dämonen und altverwurzelten sozialen Vorstellungen. Vieles, was der Buddha ausgemerzt hatte, Gott, Seele, Riten und Liturgie, kam wieder auf und machte das *Mahāyāna* schließlich zu einer Gottesreligion.

Unter diesen Umständen glich sich der Buddhismus immer mehr dem Brahmanismus an. Je metaphysischer er wurde und je mehr Platz er anderseits dem Volksglauben ließ, um so weniger unterschied er sich vom Brahmanismus, bis er schließlich den beiden großen sich bildenden brahmanischen Sekten, den Vischnuiten und Schivaiten, in Indien weichen mußte. Dennoch überlebte der Buddhismus als Sekte noch lange Zeit in Indien, bis ihm mit dem Einfall der Mohammedaner mit Gewalt das Lebenslicht ausgeblasen wurde.

Seinen Höhepunkt erreichte das *Mahāyāna* unter Nāgārjuna. Dieser nach Buddha wahrscheinlich bedeutendste Meister des Buddhismus behauptete, in einer Höhle den schriftlichen Nachlaß des Buddha gefunden zu haben, den dieser der Obhut der Nāgas anvertraut hätte. Eine «Neue Schule der Weisheit» entstand, deren Lehrinhalt man in drei Thesen zusammenfassen könnte:

1. Es gibt kein «Ding an sich», auch die *Dharmas* und das *Nirvāna* sind es nicht.
2. Es gibt keine positiven Urteile.
3. Die einzige Realität ist die «Leerheit», die nur intuitiv zu erfassen ist.

Es ist unmöglich, das *Nirvāna* zu erlangen, solange man einen Unterschied zwischen ihm und sich selbst sieht, mit anderen Worten, solange man zwischen einem zu erlangenden Objekt und einem früheren Zustand, an den man sich erinnert (denn nichts anderes ist ja das Ich), unterscheidet. Das Bewußtsein der eigenen Tugend, und sei es auch der höchsten, muß diese Tugend zerstören. Das Wissen, am Gipfel der Menschlichkeit angelangt zu sein, erzeugt den Hochmut, der alles zerstört.

Es ist ebenso unmöglich, das *Nirvāna* zu erlangen, indem man eine Frage stellt oder etwas behauptet. Derjenige, der das *Nirvāna*, die Leerheit, wie es hier heißt, verwirklicht hat, kann ihr gegenüber kein positives oder negatives Urteil mehr abgeben. Für den Weisen gibt es hier kein Für oder Wider.

Es ist weiter unmöglich, das *Nirvāna* zu erlangen, wenn man sich nicht von jener Angst befreit, die uns zwingt, uns an etwas außerhalb unser selbst zu hängen. Solange es noch irgendeiner Stütze bedarf, ist das Werk der Befreiung nicht zu erfüllen. Der von den Mahayanisten letztlich angestrebte Zustand ist der der Allwissenheit des Buddha. Sie erkennen im kleinsten Teil das Ganze der Welt und sind beispielsweise imstande, in einem beliebigen Augenblick die Zahl aller lebenden Insekten anzugeben. Wohlgemerkt, nicht die Buddhas in ihrer irdischen Form, sondern in ihrer geistigen, ihren Dharmakörpern.

Aus dieser Dialektik resultiert klar, daß Nāgārjuna weniger definitive Schlußfolgerungen hat ziehen wollen als vielmehr versucht hat, alle positiven Glaubenssätze ad absurdum zu führen. Man braucht kaum zu betonen, daß seine Lehre nur für die Gebildeten verständlich war.

Die Mystik

Der Buddha hat nicht versucht, die menschlichen Daseinsbedingungen zu verbessern. Er hat lediglich auf Grund der Erfahrung, die ihn auf seinen Weg geführt hat, gelehrt, daß Weisheit zur Befreiung führt. Aber diese Weisheit besteht nicht allein in einer guten Lebensführung gemäß einer Vorschrift, sie bedeutet auch nicht irgendeine Spekulation, das Ziehen von Schlüssen durch den Intellekt aus der Erfahrung des Lebens. Sie kann vielmehr nur erlangt werden auf dem Wege einer langen und mühevollen Loslösung von der Welt, gleichsam im Vergessen der Welt. Der einzige Weg zum Heil ist für den Mystiker die Askese, durch die man dahinkommt, das an sich Unbegreifliche zu begreifen. In der mystischen Versenkung stößt der Asket auf die einzige unwandelbare und ewige Realität. Alles, was von einer Ursache abhängt, hat nur Realität in der Beziehung zu irgendwelchen Dingen oder Wesen, die von ihm verschieden sind. Diese Unterscheidung ist unentbehrlich, da man sonst Subjekt und Objekt nicht von einander trennen könnte und sie ständig verwechseln würde. So ist unser Bild in einem Spiegel eine Projektion unserer Gestalt ohne eigene Existenz. Es hat keine Realität und ist leer von jeder Substanz. Im übrigen zeigt uns der Spiegel immer eine einzige bestimmte Ansicht, von dem nämlich, was sich gerade auf seiner Oberfläche widerspiegelt. Wenn man den Spiegel verrückt, so hat man eine andere Ansicht. Man kann also nie in einem Spiegel das Ganze der Welt auf einmal betrachten. Aber was ist unser Auge anderes als ein Spiegel, und dazu noch einer, der nicht einmal sich selbst sehen kann? Was es wahrnimmt, ist nie in ihm selbst.

Der Begriff der Prajnā

Weil unser Bewußtsein selbst eine Erscheinung ist, wird es zum Hindernis auf dem Wege zur Erleuchtung. Mit der sog. *Prajnā* besitzt der Mensch aber nach buddhistischer Ansicht eine Art von unbewußtem Ich, das auf dem Wege zur Erleuchtung nicht hinderlich ist. Es steht zum Absoluten in einem ähnlichen Verhältnis wie der *Ātman* des Vedānta zum *Brahman*, und man könnte es eine Art «Vor-Weisheit» nennen. Es läßt sich vergleichen mit dem einem Samenkorn innewohnenden Licht- und Erdtrieb, der bewirkt, daß er seine Wurzel nach unten in die Erde richtet und den Stengel nach dem Licht. Auf diese Weise hat das *Mahāyāna* eine Mystik hervorgebracht, die keines göttlichen Objektes bedarf. Sie stützt sich vielmehr auf etwas Bleibendes in uns, das, wenn es wirklich vorhanden ist, uns nur offenbar werden kann in der Aufhebung dessen, was ihm fremd, d. h. nichtbleibend ist, unserer sog. Individualität nämlich. Wir haben kein Bewußtsein von dieser *Prajnā* und werden sie erst erkennen, wenn unsere Individualität vollständig aufgehoben ist. Bei der Mystik der Yogins ist das anders. Hier handelt es sich darum, in der Versenkung alles das zu beseitigen, was die Gottheit verschleiert, bis der Yogin dem reinen Göttlichen gegenübersteht.

Das Element «Bewußtsein»

Der Buddha hat gelehrt, daß es außer den uns bekannten vier Naturelementen Wasser, Erde, Feuer, Luft und dem in Indien dazu noch angenommenen Element Äther noch ein sechstes gibt, das «Bewußtsein» (*Vijnānadhātu*). Dieses Element, das zugleich ein sog. *Dharma* ist, stellt anstelle einer Seele die Beziehung zwischen zwei aufeinanderfolgenden Existenzen her. Man kann das am besten am Bilde einer Flamme verdeutlichen, die, auch wenn sie soeben erloschen ist, durch die zurückbleibende Hitze eine neue Flamme entzünden kann. Das *Mahāyāna* hat dieses im Einzelnen vorhandene Bewußtsein durch den neuen Begriff eines «universellen Bewußtseins» (*Ālayavijnāna*) ersetzt, ohne die Idee einer unbewußten Kontinuität der Existenzen aufzugeben. Dieses Bewußtsein verschwindet bei der Erleuchtung, nicht jedoch beim Tod. In den «Fragen des Milinda» sagt der weise Nāgasena: «Wenn das Licht verlöscht ist, bei dessen Schein man einen Brief geschrieben hat, so bleibt der Brief trotzdem vorhanden. Ebenso bleiben, wenn die Weisheit verschwindet, die Erkenntnisse, die sie hervorgebracht hat.» Ānanda Coomaraswamy, ein moderner Interpret des Buddhismus, weist nach, daß in der Lehre von der Kausalkette sowie vom *Karma* nichts ist, das notwendig eine Reinkarnation von Seelen nach sich ziehen würde.

Die Lehre von der Kausalität ist dem Buddhismus wie dem Christentum eigen. Beide Religionen erklären ausdrücklich, an eine geregelte Folge der Ereignisse zu glauben. Die Reinkarnation, von der der Buddhist befreit sein möchte, ist nicht der Zufall eines besonderen Todes und einer besonderen Wiedergeburt, es ist der ganze schwindelerregende, unausweichliche Prozeß von Werden und Vergehen, der gleichermaßen für die Existenz unter der Bedingung der Menschlichkeit wie für die höhere Existenz unter der Bedingung der Göttlichkeit charakteristisch ist.

Der Begriff der Zeit schließt den der Bewegung ein. Die Bewegung den des Ortwechsels, mit anderen Worten, die Dauer zieht den

Wechsel nach sich, das Werden. Das ist der Grund, warum der Buddhist nicht an eine Unsterblichkeit innerhalb von Raum und Zeit glaubt, wohl aber an eine solche unabhängig von Raum und Zeit. Das *Nirvāna* ist also kein bloßes Nichts, und es kann sich nie persönlich offenbaren. Der Wunsch nach einem bewußten Weiterleben würde jede Befreiung verhindern. Dieser Sachverhalt läßt sich auch mit den Worten des heiligen Johannes kennzeichnen: «Wer seine Seele liebt, wird sie in dieser Welt verlieren.» Alle diese Vorstellungen entziehen sich der verstandesmäßigen Überprüfung, und man kann verstehen, daß der Buddha jeder Festlegung ausgewichen ist.

Die Prajnāpāramitā

Der Ausdruck *Prajnāpāramitā*, der ungefähr bedeutet «jenseits der Erkenntnis angelangt», enthält die Quintessenz der Lehre des Nāgārjuna. Eine verborgene Weisheit schlummert in uns, indem wir uns unserer Unwissenheit nicht bewußt sind. Erkennen wir unser Nichtwissen und beseitigen wir es, so sind wir in dem Zustand, die Erleuchtung zu empfangen, genau wie jemand in das wahre Leben zurückkehrt, wenn er aus einem langen traumreichen Schlaf erwacht.

Die *Prajnā* erkennt sich, sobald die Welt der Erscheinungen verlassen ist und es nicht mehr den Dualismus von Subjekt und Objekt gibt. Die Erleuchtung hat so einen positiven und metaphysischen Charakter, während das *Nirvāna* als Negativ und irrational gekennzeichnet werden könnte.

Die Leerheit

Prajnāpāramitā heißt ein Teil jener Literatur, die die kanonischen Werke des «großen Fahrzeuges» bildet. Der Zentralbegriff in der *Prajnāpāramitā* ist die Leerheit. Um diesen Begriff besonders zu verdeutlichen, ist er gründlich in einem Katechismus abgehandelt worden, in dem der Bodhisattva Avalokiteśvara und Śāriputra die Theorie von der universellen Leerheit auseinanderlegen, die Alfred Foucher sehr zutreffend «fünfte Wahrheit» genannt hat.

Als man den Begriff des Leeren erkannte, hat man einige Vorstellungen in bezug auf das *Mahāyāna* revidieren müssen. In der Tat ist das «große Fahrzeug» keine gemäßigte Form des alten Buddhismus, sondern eine extrem-nihilistische Anschauung. Es leugnet nicht nur die Persönlichkeit und die sie bildenden Elemente, sondern

Prajnāpāramitā in Meditation versunken (Bronze, Java)

auch die Erscheinungen und die ganze Kausalität. Die Philosophen dieser Richtung heißen bezeichnenderweise Śūnyvādins, d. h. Nihilisten.

Das Leere (*Śūnya*) ist nicht das Nichts, und die Leerheit (*Śūnyatā*) kann als nichtsubstantiell, nichtexistent, als relative Wirklichkeit angesehen werden. Der *Arhat* sagt nicht, «ich bin nicht», wohl aber, «ich bin nichts». Man wird verstehen, was mit Leere gemeint ist, wenn man hört, was der Buddha dem Śāriputra gesagt hat:

«Da, wo es Gestalt gibt, gibt es die Leere, und da, wo es die Leere gibt, gibt es Gestalt. Leere und Gestalt sind also nicht verschieden . . .

Die fünf Elemente (Skandha) haben den Charakter des Leeren, sie werden nicht geboren noch bestehen sie, sie vermehren sich nicht noch vermindern sie sich ...» Und weiter in scheinbarer Paradoxie: *«In der Leere, o Śāriputra, gibt es keine Gestalt, kein Gefühl, keinen Gedanken, keine Triebkräfte und kein Bewußtsein. In der Leere gibt es weder Augen noch Ohren noch eine Nase, eine Zunge, einen Körper oder einen Geist. In der Leere gibt es weder Farbe noch Ton, noch Geruch, noch Geschmack, noch Berührung, noch Elemente. In der Leere gibt es weder Unwissenheit noch Erkenntnis, noch eine Beseitigung der Unwissenheit. In der Leere gibt es keinen Schmerz, kein Unglück, keine Hindernisse, keinen Weg, kein Altern und keinen Tod ...»*

Die Verwirklichung der Prajnāpāramitā

Es geht in der Praxis um die Erlangung einer intuitiven Erkenntnis und die Beseitigung dessen, was sie verhindert. Die Meditation ist nicht ein Spiel des Geistes, der auf Entdeckung ausgeht, sie nimmt vielmehr einfach auf, was da ist. Um sich von der Unzulänglichkeit unserer geistigen Kräfte zu überzeugen, braucht man in der Tat nur zu ermessen, wie schwer es uns fällt, Maße zu erfassen, die nicht ohne weiteres von unseren Sinnesorganen mehr bewältigt werden können. Was können wir uns schon anderes unter einem Mikron oder einem Lichtjahr vorstellen als den Begriff eines unendlich Kleinen oder einer unendlichen Entfernung? In der Mathematik gebrauchen wir gebrochene, imaginäre und andere Zahlen, Quanten, den gekrümmten Raum, aber all dies können wir nur in Abstraktionen auffassen, weil unsere Sinne nicht mehr ausreichen.

Allein gültig ist nur die Erkenntnis dessen, was wirklich ist oder wirklich werden kann. Die Leere wirklich machen, heißt demnach, die Erscheinungen in ihre Bestandteile zerlegen und so die falsche Vorstellung ihrer Einheit zerstören.

Aus dem Gesagten folgt, daß man durchaus schon zu Lebzeiten ein Buddha werden kann, wenn es einem gelingt, die Ursachen dessen, was sich als Hindernis in den Weg stellt, zu beseitigen, mit anderen Worten, wenn man durch alle falschen Vorstellungen, die wir haben, hindurch zur Wahrheit, zur Leere, stößt. Man bringt ja auch dadurch eine Fata Morgana am ehesten zum Verschwinden, wenn man im Flugzeug mitten in die Vision hineinfliegt.

Die Heiligkeit ist nur eine Etappe auf dem Wege zur endgültigen Erleuchtung. Der *Arhat* hebt zwar seine Empfindungen, Sympathien und Antipathien auf, geht aber nicht über die Ursachen hinaus. Die damit mögliche Rückkehr der Empfindungen usw. machen den

Zustand des *Arhat* verwundbar. Der *Arhat* mag sich wirklich von allem Hochmut befreit haben, er mag erkannt haben, daß kein religiöses Verdienst und keine Weisheit ein Privileg erzwingt, und dennoch wird er Gefahr laufen, an der Pforte zum *Nirvāna* zu scheitern, wenn nicht im letzten Augenblick das Bild der Vollendung, das ihm vorschwebt, erlischt. Der Zustand der Buddhaschaft ist nur dann erreichbar, wenn er nicht mehr gesehen wird.

Die mystischen Texte des *Mahāyāna* sollen nur Gedächtnisstützen sein. Ihr Sinn ist unendlich tiefer als die geschriebenen Worte. Der Buddhist, der sich der mystischen Versenkung hingibt, muß dahin kommen, in sein wahres inneres Universum einzudringen und das Ich zu beseitigen. Dabei bedarf es allerdings eines Lehrers, der den Asketen anleitet, lenkt und kontrolliert. Im anderen Fall wird es keinen Erfolg geben, ebensowenig wie man durch hundertfaches Gießen einen ausgetrockneten Baum nicht wieder zum Grünen bringen kann.

Der Buddhismus – Philosophie und Religion

Als der Buddha in das *Nirvāna* einging, hatte seine Lehre nur einen kleinen Kreis erreicht, vor allem Kshatriyas und Bramahnen aus Magadha und den benachbarten Ländern. Trotz der zahlreichen Missionsreisen, die der Buddha vierzig Jahre lang durch das nördliche Indien unternommen hat, dürfte die Zahl seiner Anhänger bei seinem Tode nicht mehr als einige 10 000 betragen haben.

In der Folge ebnete dann die staatliche Förderung, die der Buddhismus unter Aśoka und seinen ersten Nachfolgern erfuhr, der Lehre in Indien den Weg. Aber vielleicht mehr noch waren es die sofort aufkommenden Legenden und Wundererzählungen, die das Volk an den Buddhismus heranführten. Es bildeten sich Pilgerorte und Klöster, die ihrerseits wieder Missionsarbeit leisteten und die Legenden verbreiteten. Zwei große Zentren der Ausstrahlung entstanden: Bodh Gayā, wo der Buddha unter dem Feigenbaum die Erleuchtung gefunden, und Benares, wo er seine erste Predigt gehalten hat. Benares war allerdings schon vorher eine heilige Stadt gewesen.

Der Buddha muß für viele dem Ideal eines glanzvollen Helden entsprochen haben, denn bald rankten sich um sein Leben Wundererzählungen, und man glaubte, daß er mit übernatürlichen Kräften begabt sei. Und sein Triumph war ja auch groß, wenn man bedenkt, daß selbst viele Brahmanen sich von ihren Göttern abwandten und ihm folgten. Und schließlich hat er nicht einmal ein Jahrhundert gebraucht, um den Menschen ganz Indiens den Weg zu zeigen, in diesem Leben nicht mehr unglücklich zu sein. Die Mönche der Mahāsanghika-Sekte trugen auch erheblich zur Verbreitung der Lehre unter den Massen bei, indem sie sie konkretisierten und so jedem verständlich machten. Allerdings mußte der Buddhismus für seinen Erfolg auch mit gewissen Zugeständnissen bezahlen. Das Volk wollte sich nur von seinen alten Gottheiten abwenden, wenn es zu einer neuen mächtigeren Gottheit aufsehen konnte. Und so kam es, daß man schon ein Jahrhundert nach Aśoka den Buddha wie einen Gott anbetete, daß neben den religiösen Texten eine populäre Literatur entstand, die sich besonders mit Wundererzählungen und phantasievoller Ausspinnung der einzelnen Gedanken der Lehre befaßte.

Entsprechend dem Gesichtswinkel, unter dem man den Buddhismus betrachtet, kann man ihn in zweifacher Weise sehen: als den von dem Buddha gelehrten Buddhismus und als den spekulativen und dem Volksglauben angepaßten Buddhismus. Ersterer war ursprünglich mehr eine Philosophie, letzterer immer eine Religion. Freilich wissen wir von jenem alten Buddhismus manches nicht genau. Sicher aber ist, daß er atheistisch und im Grunde auch areligiös war, d. h. aber nicht antireligiös, sondern nur jenseits des Religiösen. Auch das Schweigen des Buddha zu gewissen Fragen darf nicht als Verneinung gedeutet werden. Im ganzen kann uns das *Hīnayāna* den Zustand des alten Buddhismus spiegeln.

Jene zweite Art des Buddhismus nahm ihren Ausgang bei den Kommentaren der Gelehrten, die das erläutern wollten, was der Buddha angeblich nicht hatte sagen wollen oder was er nur, in poetischer Form verborgen, in einem Gleichnis ausgesprochen hatte, oder was er, wie diese Gelehrten glaubten, nicht hatte darlegen können, weil es ihm an den geeigneten Worten fehlte oder weil seine Schüler nicht reif genug dafür waren. Dieses Bemühen, die Lehren des Buddha zu ergänzen und zu erläutern, zeigt das *Mahāyāna*. Nachdem so die Scheu vor der Heiligkeit des überlieferten Wortes geschwunden war, konnte manches in die Lehre eindringen.

Der Yogācāra

Die «alte Schule der Weisheit» hatte das *Nirvāna* als Absolutes dieser Welt gegenübergestellt, das alte *Mahāyāna* identifizierte in der *Prajnāpāramitā* das *Nirvāna* und die Welt in einer höheren Realität, der Leerheit. Die «neue Schule der Weisheit» endlich sah die Leerheit überhaupt als einzige Realität an und alles andere als Illusion.

Der *Yogācāra* setzte die Leerheit mit dem Gedanken gleich. Außerhalb des Gedankens existiert nichts.

Jahrhundertelang hatten sich die Mönche wenig Gedanken über die Welt gemacht. Real war für sie nur die Folge der Ereignisse, und für ihr Fortschreiten auf dem Wege zum Heil schienen ihnen nur die geistigen Zustände und die psychologischen Methoden wichtig. Um das Jahr 180 unserer Zeitrechnung nun bildete sich eine neue Sekte, deren Haupttext *Abhisamayālankāra* heißt, der der Erläuterung der *Prajnāpāramitā* gewidmet ist. Ihre Anhänger kann man als die Vorläufer der Yogācārins, der Anhänger des *Yogācāra* ansehen, den die aus Nordwestindien stammenden Brüder Asanga und Vasubandhu begründeten. Um die Grundidee dieser neuen Schule des *Yogācāra* verstehen zu können, muß man einen Blick auf die *Bhagavadgītā* werfen. In ihr findet man die Grundgedanken der damals in Indien bekannten philosophischen Systeme und Methoden: des Vedānta, des Sāmkhya und des Yoga, wobei die beiden letztgenannten als das praktische Gegenstück zu den Spekulationen der buddhistischen Lehre angesehen werden; während sich die Mādhyamikas und Sārvāstivādins auf die Intuition verließen, um die Erleuchtung zu finden, suchten andere diese durch Meditation, Konzentration des Denkens zu erlangen. Je nach Veranlagung mögen die einen den Weg der intuitiven Erkenntnis, die anderen den der Trance gewählt haben. Möglich waren beide. Asanga und Vasubandhu nun wollten mit dem *Yogācāra* das Übergewicht des geistigen Weges zugunsten des praktischen der Trance zurückdrängen. Für den Yogācārin existiert nur das Denken. Auch das Absolute ist Gedanke, man braucht es nicht in irgendeinem Objekt zu suchen, sondern kann es nur in dem reinen, von allen Objekten befreiten Subjekt finden. Wir begegnen hier wieder dem alten Problem von Subjekt und Objekt, dessen Schwierigkeit darin besteht, daß das Subjekt, sobald man sich ihm zuwendet, zum Objekt wird und nicht mehr Beobachter sein kann.

Die Yogācārins suchten aufzuzeigen, daß wir notwendig zu Irrtümern kommen müssen, wenn wir jede Sache als getrennt von uns, als Objekt unseres Ich, ansehen. Sie sagen, alle Dinge könnten, da sie nur Gedanken sind, nur durch den Geist ausgedrückt werden. Es gibt nach der Lehre des *Yogācāra* eine Art Weltbewußtsein, mit der der Meditierende in der Trance in Verbindung treten kann. In dem Moment, wo er die Illusion der Welt überwunden hat. Asanga sagt: «*So, wie man erkennt, daß die Bilder eines Traumes nicht wirklich sind, wenn man erwacht ist, so erkennen die, die durch die Kenntnis der wahren Realität (der Leerheit) erleuchtet sind, auch, daß die Wahrnehmungen des Lebens nicht wahr sind.*» Das *Nirvāna* kann demnach gekennzeichnet werden als reiner Geist, reiner Gedanke, reines Bewußtsein. Das ist etwas wesentlich anderes als das was der Buddha selbst unter dem *Nirvāna* verstanden hatte, das Verwehen oder Verlöschen nämlich.

Obwohl die *Bhagavadgītā* dem Gott Vishnu geweiht ist, kann sich auch der Yogācārin mit ihren Gedanken identisch erklären, heißt es doch an einer Stelle: *«Du trägst in dir einen Freund, den du nicht kennst. Dieser Gott residiert im Inneren eines jeden Menschen, aber nur wenige wissen ihn zu finden. Derjenige, der seine Wünsche und seine Werke dem weiht, der die Ursache aller Dinge ist und durch den das Universum geschaffen wurde, wird durch sein Opfer die Vollendung erlangen; denn wer in sich selbst die Glückseligkeit, die Freude und das Licht findet, ist eins mit Gott. Wer diesen Gott gefunden hat, ist von der Wiedergeburt, vom Tod, vom Alter und vom Leiden befreit und trinkt das Wasser der Unsterblichkeit.»*

Von nun an ist es kein persönliches, sondern ein universelles Heil, das gesucht wird, und die geistigen Zustände erhalten ihren Sinn durch ihre Verbindung zum Kosmos, wie der Yogācāra lehrt, dessen Echo wir später in dem tantrischen Buddhismus Tibets wiederfinden werden.

Der Niedergang des Buddhismus in Indien

Nachdem der Yogācāra nach dem 5. Jahrhundert unserer Zeitrechnung einen großen Aufschwung genommen hatte, verschwand er in Indien um das Jahr Tausend fast gänzlich. Er emigrierte nach Tibet und China, wo man noch heute Spuren von ihm finden kann, ohne daß indessen die ihm innewohnende Logik erhalten geblieben wäre.

Der Buddhismus machte in dieser Zeit in Indien eine zweifache Entwicklung durch. Einmal eine solche zu einer reinen Gefühlsreligion, zum anderen eine Hinwendung zum Intellekt. Auf der einen Seite wuchs die Zahl der Heiligen ständig, und jeder hatte die Chance, sich von der Welt zu befreien und in der Versenkung mit dem *Dharma* eins zu werden. Auf der anderen Seite kam man zu einer immer subtiler werdenden Gelehrsamkeit in bezug auf die Lehre, die soweit ging, daß sie über ihrem Erläutern die großen Ideen, die der Buddha gefunden und gepredigt hatte, verdeckte.

Der Buddhismus konnte selbst dem Gesetz der Vergänglichkeit nicht entrinnen. Da er sich bei seinen Wandlungen immer mehr dem Brahmanismus angenähert hatte, ist es nicht verwunderlich, daß ihm mit der wieder erstarkenden alten Religion ein Widersacher erwuchs, der ihn schließlich aus dem Lande drängen sollte. Die Ablehnung des Ich, die Begriffe des Guten und Bösen, die Möglichkeit, im Laufe eines irdischen Lebens aus der Kette der Wiedergeburten befreit zu werden, waren beiden Religionen in gleicher Weise eigen, ebenso das Prinzip der Erkenntnis als höchster Stufe auf dem Wege zum Heil, ja sogar in gewisser Weise die Idee eines *Nirvāna*, das im Brahmanismus als Urgrund der Welt gedeutet wurde. Brahmanisten wie Mahayanisten kannten himmlische Retter, die aus Mitleid mit den Menschen auf die Erde zurückkehrten, und im Pantheon des nördlichen Buddhismus tauchte sogar ein göttliches Wesen namens Brahma auf. Sogar die Leugnung einer Seele, die vielleicht festeste These des Buddhismus, wurde dialektisch abgeändert.

Dennoch muß man sich wundern, daß der Buddhismus sich in Indien nicht gründlicher festgesetzt hat. Er war nicht nur von den Kaisern, sondern auch von vielen kleinen Fürsten unterstützt worden, die sich von ihm eine Schwächung der Macht der Brahmanenkaste versprachen und von buddhistischen Untertanen, die überzeugt waren, daß die Dinge dieser Welt bedeutungslos seien, weniger Kritik zu erwarten brauchten. Zudem hätte das vom Buddha gepredigte Prinzip der Gewaltlosigkeit von vornherein jede Revolution ausgeschlossen.

Als jedoch diese Fürsten im Verlauf kleinerer Kriege von brahmanischen Fürsten verdrängt wurden, verlor auch der Buddhismus sofort an Boden, denn sein universeller Charakter schien den aufkommenden nationalen Bestrebungen in Indien bedrohlich. Während der Brahmanismus klug zu der Strenge seiner alten Prinzipien zurückfand, wurde auf seiten der Buddhisten die religiöse Toleranz dazu mißbraucht, den alten Aberglauben der Massen wieder in den Vordergrund treten zu lassen. Vasubandhu hatte daher nicht unrecht, wenn er seinen «Schatz des Abhidharma» mit dem Alarmruf schloß: «Die Religion des Vollendeten liegt in den letzten Zügen. Wir leben in einer Zeit, wo die Sünde immer mächtiger wird. Wer noch befreit werden will, muß sich beeilen.»

Während das Volk im Süden nur noch dem Namen nach buddhistisch blieb und alles weitere den Mönchen überließ, schuf der missionarische Eifer buddhistischer Mönche und Laien, die auf Handelsreisen weit herumkamen, der Lehre neue Stätten. Natürlich geschahen diese Bekehrungen stets ohne Gewalt, die mit der tiefen Toleranz und Milde der buddhistischen Lehre unvereinbar gewesen wäre. Der Buddhismus ließ ja auch in seinen Herrschaftsgebieten nicht nur die alten Kulte am Leben, sondern übernahm sie zum Teil sogar. Da er sich so den Sitten der Völker anpaßte und verschiedenartige Völkerschaften sich unter seinem Gesetz leicht zusammenfanden, unter-

Lokeśvara (d. i. Avalokiteśvara bei den Khmer) mit den vier Gesichtern bzw. König Jayavarman VII., der mit dem Bodhisattva identifiziert wird (Bayon-Stil, 12. Jh.)

stützten ihn häufig auch die Fürsten, so sehr, daß dann einige geradezu als Bodhisattvas angesehen wurden. Eine mongolische Inschrift aus dem 14. Jahrhundert erwähnt sogar Dschingis Khan als Inkarnation eines Bodhisattva, und Mongka, der dritte große Mongolen-Khan, soll den Buddhismus mit einer Hand verglichen haben, deren Finger die anderen Religionen – Islam, Taoismus, Manichäismus – darstellten.

Außerhalb Indiens bilden sich dann Sonderformen des Buddhismus, geprägt von der Eigenart der betreffenden Länder. Aber überall bleibt das Grundgesetz von den vier «edlen Wahrheiten» die Basis, von der aus die Menschen zum Heil geführt werden.

Immer wieder, von der frühesten Zeit an, ist der Niedergang des Buddhismus vorausgesagt worden, und auch der Buddha selbst hat seiner Lehre ja nur eine Dauer von tausend Jahren prophezeit; jedoch allen Anfeindungen zum Trotz hat sie sich – zwar mannigfach gewandelt und erweitert, aber im Grunde doch im Kern den alten Weisheiten Sākyamunis gleich – erhalten, ob sie nun *Hīnayāna*, *Mahāyāna*, *Vajrayāna*, *Tschan* oder *Zen* heißt. Alles Extreme hat sich immer wieder zu einer Mitte hin ausgependelt, wie ja Leben und Lehre des Buddha selbst ein «mittlerer Weg» sind, zwischen Sinnenfreude und Selbstabtötung.

DER BUDDHISMUS AUSSERHALB INDIENS

Das Pantheon des tibeto-mongolischen Buddhismus

Der tantrische Buddhismus

Während der Buddhismus in Indien den Vischnuiten, die sich drei Striche auf die Stirn malen, und den Schivaiten, die ihren Glauben durch einen roten Punkt zwischen den Brauen zu erkennen geben, weichen mußte, konnte er dank seiner universellen Einstellung, die sich an alle Menschen gleich welcher Rasse und Sprachen wandte, außerhalb Indiens neue Räume gewinnen. Die Wandlung ins Spekulative und zum Theismus hin, die das *Mahāyāna* vollzogen hatte, kam ihm dabei zugute.

Er bot den Massen in Asien, die einer wirklichen religiösen Idee bislang entbehrt hatten, das «große Fahrzeug», das sie zu einem strahlenden Ziel tragen konnte. Gleichzeitig glich sich der Buddhismus den religiösen Bedürfnissen dieser Völker an. Die Mönche wurden zu Mittlern zwischen den Menschen und dem Kosmos. In Tibet, in der Mongolei und in China bildete sich ein Ritual, dessen Beherrschung berufsmäßigen Kennern bestimmter Gesten und Formeln vorbehalten war. Man erkannte den Nutzen des Gebets, ja, sogar der Magie. Das, was ursprünglich eine Moralphilosophie, eine bestimmte Geisteshaltung gewesen war, ein Wille zum Guten, um zu einem guten Karman zu gelangen und die Kette der Wiedergeburten zu zerreißen, wurde eine Religion mit allem Beiwerk.

Ohne das Prinzip der Vergänglichkeit der Seele aufzugeben, schloß man eine Art Kompromiß, indem die Tibeter nämlich die Folge der Existenzen mit den einzelnen auf dieselbe Schnur gesteckten Blumen einer Girlande verglichen. Man nannte diese Idee das «verknüpfte Sein». Indessen bewahrte der Buddhismus auf diesem Wege die Unendlichkeit des *Nirvāna.* Die Gelehrten hatten sich in der Erklärung dieses schwierigen Begriffes nicht einig werden können und ließen ihn in der Schwebe, was die Anpassung an die Mentalität der Völker, zu denen die Lehre kam, erleichterte.

Auch andere indische Geistesfracht brachte er mit: den Yoga, den Asanga in den Buddhismus eingeführt hatte, und den Tantrismus.

Dieser Tantrismus ist mehr eine Methode als eine eigene Lehre. Er stützt sich auf die intuitiven Kräfte des Menschen und den Glauben an eine Analogie zwischen Mensch und Universum, Mikro- und Makrokosmos. Wenn auch zugegeben werden muß, daß er sich mit

Religiöses Fest in einem tibetischen Kloster

der Magie eingelassen hat, so darf man doch sagen, daß es eine höhere Magie war, mit der er sich verband.

Seit Nāgārjuna hatte man angefangen, im Buddha nicht mehr einen Menschen zu sehen, der die «Erleuchtung» gefunden hatte, sondern ein göttliches Wesen, das zu allen Zeiten existiert hatte und

Die tibetischen Yidams, die Schutzgötter der Lehre, werden fast immer in Umarmung mit ihrer Sakti dargestellt (Bronze, Tibet, 13. Jh.)

das den ganzen Kosmos in sich vereinte. Im 6. Jahrhundert unserer Zeitrechnung nun brach der Mystizismus des Śivakultus in den Buddhismus ein. Er versah, wie er es mit den brahmanischen Göttern gemacht hatte, auch die Bodhisattvas mit Gattinnen, die Śaktis, «Energien», genannt wurden und eine bestimmte der Gottheit bzw. dem Bodhisattva eigene Kraft symbolisierten. Die Erkenntnis oder die Intuition können nichts allein, sagt der Śaktismus, nur die Vereinigung beider kann Früchte tragen wie der Mann und die Frau nicht für sich, sondern nur in der Vereinigung ein Kind zeugen können.

Gute Werke, forderte man, sollten an die Stelle der guten Worte treten, wobei das «gute Werk» oftmals in merkwürdigen Handlungen bestand. Das endlose Wiederholen der Formel *«Om mani padme hūm»* (Oh, du Edelstein im Lotos) zum Beispiel galt als ein solches verdienstvolles Werk, durch das man dem himmlischen Buddha seine Liebe zeigen konnte. Das *Mahāyāna* wandelte sich zum *Mantrayāna* («Fahrzeug der Gebete») oder *Vajrayāna* («Diamantfahrzeug»). Gottheiten und Bodhisattvas wurden unter dieser Tendenz, die von der Literatur der *Tantra*s (Bücher) ursprünglich ausgegangen war und die deshalb Tantrismus heißt, als Teile einer unendlichen Weltseele angesehen und mit verschiedenen Attributen versehen, guten aber auch bösen. Den guten wie den bösen göttlichen Wesen traute man wunderbare Kräfte zu. Vielleicht ist es diese seltsame Verbindung einer hohen Geistigkeit mit der Magie und der Rücksichtnahme auf die Wünsche der Menschen gewesen, die die Bekehrung so verschiedenartiger Völker zum Buddhismus ermöglichte.

Der Buddhismus in Tibet

Unter dieser, wie man sagt, yoga-tantrischen Form drang der Buddhismus im 7. Jahrhundert unserer Zeitrechnung in Tibet ein. Wir bezeichnen diese Religion gewöhnlich als «Lamaismus» nach dem Wort *Lama*, dem Titel der ordinierten Mönche in Tibet, die Tibeter und Mongolen selbst nennen ihren Glauben einfach «die Religion». Es waren die beiden Gattinnen des damals in Tibet herrschenden Königs Srong Tsan Gampo, eine Nepalesin und eine Chinesin, die darin wetteiferten, den Glauben, in dem sie in ihrer Heimat erzogen und aufgewachsen waren, in Tibet zu propagieren. Die Legende berichtet, daß bei ihrem Tod eine Träne aus dem Stirnauge des Bodhisattva Avalokiteśvara zur Erde gefallen sei, um den Menschen zu zeigen, daß sie Inkarnationen des Bodhisattva seien. Sie gelten seitdem unter den Namen Grüne und Weiße Tara als die Schutzgöttinnen Tibets.

Primitiv, polyandrisch, ja, wild und zuweilen kannibalisch, hatten die Tibeter seit alters einem verbreiteten Geisterglauben angehangen, böse Geister vor allem bereiteten ihnen Furcht, die der beispiellos rauhen Natur ihres Landes entsprungen waren. Mit diesen Geisterwesen mußte der eindringende Buddhismus seinen Vertrag machen und es zulassen, daß sich die erhabenen Ideen von der Überwindung der Leidenschaft und dem achtfachen Pfad zum Heil mit

Die weiße Tārā, eine der beiden weiblichen Inkarnationen des Avalokiteśvara, trägt ein Auge auf der Stirn und ein weiteres in der Handfläche (vergoldete Bronze, Tibet)

Tsong Kha Pa, der große Reformator des tibetischen Buddhismus, Gründer des Ordens der «Gelbmützen»

den schrecklichsten Bildern vom Tod und einem entsetzlichen Jenseits vermischten. Ebenso mußte der Kult eines weisen Buddha Gestalten mit aufnehmen, die sich die Menschheit in ihrer wilden Frühzeit geschaffen hatte, furchtbare Dämonen und rohe Figuren, die nun als Schreckensgötter im buddhistischen Pantheon einen neuen Platz fanden.

Ebensosehr erobernd wie selbst erobert werdend, mußte der Buddhismus die Anbetung dieser Gottheiten dulden, mit denen die Magiepriester sich in der Ekstase identisch erklärten, um Macht über die Kräfte der Natur zu erhalten, ja, er mußte sogar zulassen, daß die sexuelle Vereinigung als heilige Handlung in den Kult gewisser Sekten aufgenommen wurde.

Der Buddhismus wurde durch Mönche nach Tibet gebracht, die ein Gesandter der nepalesischen Gemahlin des tibetischen Königs aus Indien nach Tibet geholt hatte. Die Zauberpriester der alten tibetischen Bon-po-Religion wehrten sich heftig, und lange blieben die Tibeter der neuen Lehre gegenüber verschlossen, bis sie sich nach der Verquickung mit ihrem alten Volksglauben ihr dann doch zuwandten.

Man schrieb das Jahr 747, als ein Yogin aus Kaschmir, der Heimat vieler berühmter Magier, nach Tibet kam. Er hieß Padmasambhava, der «Lotosgeborene». Mit der Waffe seines Herzens, dem Gebetszepter (*Vajra*), und den acht magischen Fähigkeiten (*Siddhis*) zwang er die bösen Mächte zur Unterwerfung unter das buddhistische Gesetz, wie die Überlieferung sagt, und machte aus den Dämonenhorden Hüter der Lehre.

Er gründete einen Orden und baute am Ufer des Brahmaputra das erste tibetische Kloster. Als er 50 Jahre später wieder in seine Heimat zurückkehrte, hinterließ er einen festen Stamm eingeborener Schüler, die er den *Dharma* gelehrt hatte wie auch die magischen Mittel, ihn zu verteidigen.

In den folgenden Jahrhunderten gab es zwar Rückschläge, eine Reihe von Anhängern fiel wieder ab, Verfolgungen fanden statt, aber mit der Ankunft des bengalischen Mönchs Atīśa erblühte der Buddhismus neu. Atīśa reformierte den schon vorhandenen tibetischen Buddhismus, indem er ihn durch den Filter der mahayanistischen Scholastik goß. Der Orden, den er gründete, spaltete sich allerdings bald in mehrere Untersekten, die heftig miteinander rivalisierten. Die Lehre hatte zwar wieder an Kraft gewonnen, aber trotz zahlreicher Schulen wie der mystischen von der «tiefen Einsicht», die der Atīśa-Schüler Marpa gegründet und der Dichter Milaraspa berühmt gemacht hatte, hatte sie den Blick für das wahre Licht der Botschaft des Buddha verloren. An Stelle der Sittenlehre des Vollendeten, an Stelle der vier Wahrheiten, blieb ein zum Denkmal gewordener Buddha, den die Menschen anbeten und den Götter und Dämonen umgeben.

Es bedurfte des Auftretens des energischen tibetischen Mönchs Tsong Kha Pa («Der im Zwiebelland Geborene»), um der beunruhigenden Entwicklung Einhalt zu gebieten. Er ging gegen das zügellose Treiben der «Rotmützen», den einst von Padmasambhava gegründeten Orden, vor, verjagte mit dem Stock die Frauen der verheirateten Mönche, zerbrach die Zaubergeräte und schloß ihre Klöster. Er erklärte die Sekten für ketzerisch und gründete als Gegengewicht einen neuen Orden derer, «die den Wert der Tugend schätzen»

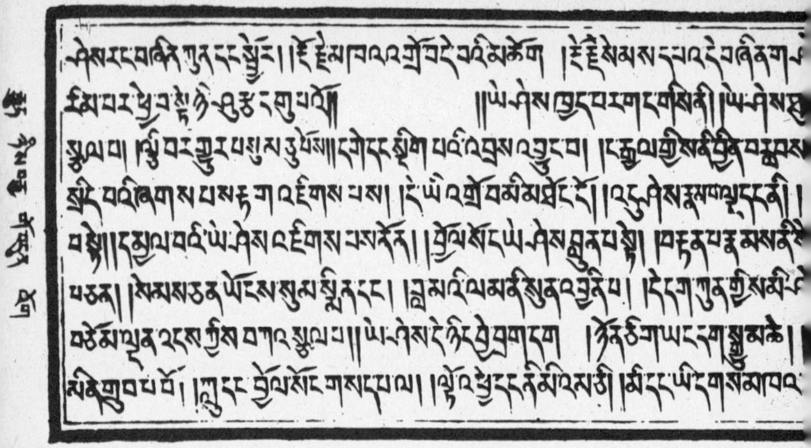

Aus dem tibetanischen Tripitaka

(Gelug-pa), auch «Gelbmützen» genannt. Er führte die geistliche Hierarchie, die Trapas (Novizen), Lamas (Mönche) und Khanpos (Äbte), ein, erließ eine Unterrichts- und Prüfungsordnung und legte die Bedingungen für den Eintritt in den Orden und den Ausschluß fest. Schließlich begründete der große Reformator mit der Einsetzung eines Dalai-Lama in Lhasa und eines Pantschen-Lama in Taschilhunpo auch noch die Institution der Priesterherrschaft in Tibet, die bis zur Aneignung Tibets durch das kommunistische China uneingeschränkt bestand.

Die Buddhas

Der yoga-tantrische Buddhismus Tibets lehrt, daß über der irdischen Welt eine siebenstöckige Überwelt existiert, in deren höchster Region der Ādibuddha thront. Der blaue nackte *Arhat* hat sich selbst durch seinen eigenen Gedanken geschaffen und befindet sich in unendliche Meditation versunken, während er seine nackte weiße Śakti umarmt. Dieses Bild der geschlechtlichen Vereinigung symbolisiert die Beziehung des Absoluten zur Welt. Der Ādibuddha ist der in ewiger Ruhe verharrende «Beweger», während die Śakti das Bewegte, die Aktion darstellt. Eine ähnliche Vorstellung hatte ja auch der Brahmanismus mit der Idee von Purusha, dem männlichen, geistigen, schöpferischen Prinzip, und von der Prakriti, dem weiblichen, empfangenden Prinzip, der Natur, hervorgebracht, die miteinander alles, was ist, erzeugen.

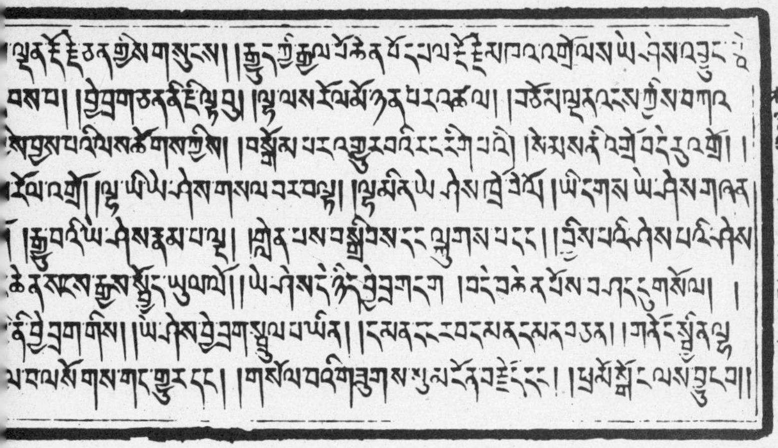

In der Frage der obersten Weltinstanz widersprechen die Sekten einander. Die «Rotmützen» verehrten den Dhyānibuddha Vairocana, den Hüter des Weltzentrums, als oberste Gottheit, die «Gelbmützen» dagegen den Buddha Akshobhya, den Hüter des Ostens.

Den Hofstaat des «Einzigen» bilden Heroen-Buddhas («Tathāgatas»), die mythischen Vorläufer des Buddha Śākyamuni, des Gautama. Ihre Zahl wird von den einzelnen Sekten verschieden angegeben. Bevor diese Buddhas endgültig das Nichtsein erreicht haben, haben sie unzählige Wiedergeburten und einen Zwischenaufenthalt in den sechs Paradiesen durchleben müssen.

Der Oberbuddha herrscht über die bereits erwähnten fünf Meditations- oder Dhyāni-Buddhas, die Hüter der fünf Weltgegenden, die auch Jinas (Sieger) genannt werden. Sie verdienen, sorgfältig studiert zu werden, denn sie drücken das Charakteristische nicht nur des tibetischen, sondern des fernöstlichen Buddhismus überhaupt aus.

Diese Jinas teilen sich die Herrschaft über die Welt in der sechsten Paradies-Region. Sie entstanden bereits verhältnismäßig früh, und ihre Fünfzahl entspricht der Zahl der fünf Sinne, der fünf Tugenden, fünf Farben und der fünf Weltgegenden, über die sie herrschen. Die Fünf hat eine große mystische Bedeutung bei den Indern, sie ist die heilige Zahl der Vereinigung von Himmel und Erde, zwischen dem Sein und dem Strudel der Wiedergeburten. Diese fünf Dhyānibuddhas bilden das erste Glied einer unendlichen Kette, die das Absolute mit der Vielheit verbindet. Gleichzeitig symbolisieren sie fünf Ereignisse im Leben des historischen Buddha Śākyamuni, vier im Zusammenhang mit der Erleuchtung und die Predigt von Benares.

Die Mönche sahen sie als nackte, von Flammen umgebene Asketen an, die in einer «diamantartig» genannten Haltung mit nach oben gewandten Fußsohlen dasitzen. Sie werden mit überlangen Ohren, einem seltsamen Kopfanwuchs und einer sogenannten *Ūrnā*, einem kleinen Flöckchen zwischen den Brauen, dargestellt. Ihre Haare sind gewellt und im Nacken zusammengefaßt, jeder sitzt, wie die Götter des Brahmanismus bzw. Hinduismus, auf einem Reittier (Gans, Pferd, Elefant usw.) und empfängt unbewegt die Anrufung mit einer bestimmten mystischen Silbe (*Om, Hūm Hrī* usw.). Ihre Hände formen bestimmte Gesten, die *Mudrās*. Im einzelnen lassen sie sich, wie folgt, charakterisieren:

Akshobhya, der «Unerschütterliche», hat einen blauen Körper. Er hält einen Vajra, das tibetische Gebetszepter, oder eine Lotosblüte in der Hand. Er gilt als der Hüter des Ostens und als der Buddha, der den Teufel Māra besiegte. Sein Kult stand zeitweilig unter der Han-Dynastie in China in Blüte.

Amitābha, das «unendliche Licht», ist rot, er wacht über den Westen und soll aus einer persischen Sonnengottheit hervorgegangen sein. Er stellt den in Meditation versenkten Buddha dar und bringt die grenzenlose Helle hervor, die sich von der Erleuchtung über das ganze Universum ergießt.

Amoghasiddhi, der «Unbestechliche», ist grün, er hält eine Hand erhoben und ist der Herr des Nordens. Er ist Buddha, der Beschützer, Herr der von Mucilinda geführten vierköpfigen Nāga, der eine durch nichts zu trübende Glückseligkeit genießt.

Ratnasambhava, «der im Edelstein Geborene», wird goldfarben dargestellt. Er ist der Herrscher über den Süden. Er macht die Gebärde des Schenkens und ruft den Buddha aus dem Schoß der Edelsteine zurück.

Vairocana, der «Sonnenartige», beherrscht den Zenit, das Weltzentrum. Er ist blendend weiß, stellt den Buddha als glanzvollen Prediger dar, der den künftigen Buddha Maitreya ankündigt.

Über den fünf Jinas gibt es zuweilen noch einen sechsten, Vajrasattva, den Weltgeist, als Teil des Ādibuddha. Während die anderen den fünf menschlichen Sinnen entsprechen, gehört zu ihm die Intuition. Er wird stets mit einer Krone dargestellt, aus einem von Flammen umgebenen Lotos tretend. Er soll Nāgārjuna zu der Höhle geführt haben, in der der Weise angeblich den verborgenen echten Kanon gefunden hat.

Jeder der in tiefer Versenkung gedachten Dhyānibuddhas hat ein aktives Gegenstück, meist als prächtige, aufrechtstehende Figur dar-

Die fünf Dhyanibuddhas, in der Mitte Vairocana, unten rechts Amitābha

Vajrasattva, der Herr der Welt im tibetischen Buddhismus, trägt den Vajra als Zeichen seiner Macht (Kuttach-Stil, Indien, 8. bis 9. Jh.)

gestellt und mit Edelsteinen geschmückt. Oft werden diese Gestalten zusammen mit ihrer Śakti, ihrer Gattin, in aneinander geschmiegter Haltung, der sogenannten Yab-Yum-Haltung, abgebildet. Das Gegenstück zu Amitābha ist in diesem Sinne beispielsweise Amitāyus der Buddha des ewigen Lebens, der eine Schale mit Nektar in den Händen hält.

Erinnern wir uns daran, daß der Buddha neben seinem materiellen Leib auch einen geistigen und einen «Körper der Lehre» (*Dharmakāya*) hat, der sein eigentliches Wesen ausmacht. Entsprechend haben die Dhyānibuddhas als weitere Körper Dhyāni-Bodhisattvas und Mānushi- d. h. Menschen-Buddhas. Die Dhyāni-Bodhisattvas sind gleichsam ihr Abglanz oder geistiger Sohn. Zu Amitābha gehört als Bodhisattva, wie wir schon sagten, Avalokiteśvara, zu Amogasiddhi Viśvapāui. Da die Bodhisattvas den Menschen nicht direkt helfen können, weil sie ihren Kristallpalast in der fünften Himmelsregion nie verlassen, inkarnieren sie sich in den Mānushi-

Buddhas oder in anderen Menschen, z. B. im Dalai-Lama, der den Menschen auf Erden hilft. Ein solcher Mānushi-Buddha, und zwar der zu dem Bodhisattva Avalokiteśvara gehörige, war auch der historische Buddha Gautama. Er trägt in vielen Darstellungen auf seiner Kopfbedeckung ein Bild des Amitābha, dessen Manifestation in dritter Folge er ist. Auch der künftige Buddha Maitreya, «der Liebende», der als goldgeschmückter Messias in ungefähr viermilliardenfünfhundertmillionen Jahren auf die Welt kommen wird, ist ein solcher Mānushi-Buddha.

Allerdings weichen die Sekten in vielem von dieser Ordnung ab. Die Gelbmützen sehen zum Beispiel den Bodhisattva Vajradhara als geistigen Sohn des Buddha Akshobhya und himmlisches Gegenstück zum historischen Buddha an. Neben den genannten Buddhas gibt es noch weitere, weiblicher Entsprechung, zum Beispiel drei dämonische Buddhas, die man nur mit Gebeten besänftigen kann, sieben kriegerische Buddhas, die der blaugestaltige Vaidūrya anführt, 35 Konfessionsbuddhas, die man um Vergebung der Sünden anfleht, und zahlreiche weitere. Eine Unzahl von Buddhas erfüllt das Universum. Aber alle diese Buddhas, die in den drei Millionen Welten leben, sind in dem Buddha vereinigt, der die Erde betritt, um sein Werk der Erleuchtung zu verrichten als irdischer Abglanz eines himmlischen Bodhisattva.

Die irdischen Buddhas folgen einander nach einer festen Ordnung. Es gibt Texte, die ihre Zahl mit tausend angeben. Der erste der im allgemeinen 35köpfigen Reihe ist Dīpamkara, der von Vairocana abstammt und zehn-

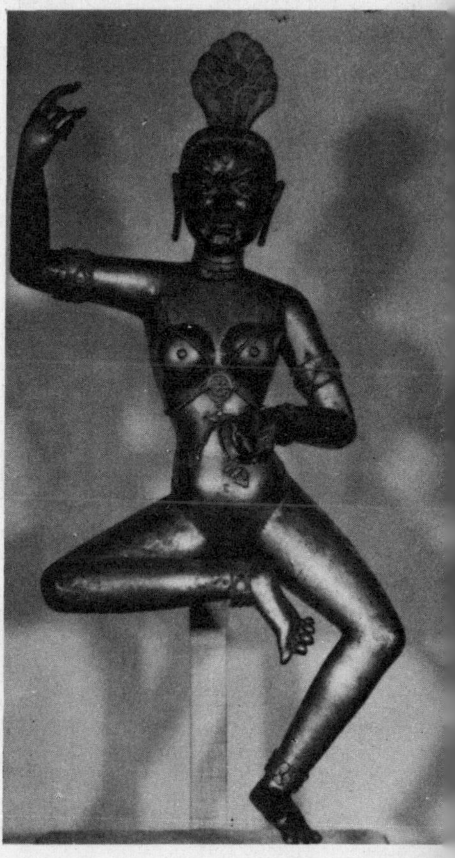

Eine Dākinī, eine tibetische Erinnye (Vergoldete Bronze, mit Türkisen geschmückt)

tausend Jahre auf Erden lebte. Der letzte ist Śākyamuni, der Buddha Gautama. In der Praxis kennt man allerdings nur sieben irdische Buddhas, der achte wird Maitreya sein. Es gibt auch Sekten, die noch weniger annehmen. Im übrigen ist jeder Mensch gleichsam ein embryonaler Buddha, da er die in ihm wohnende absolute Qualität (*Tathātā*) nur von den Unreinheiten des Daseins befreien muß.

Neben den schon erwähnten Bodhisattvas gibt es in der fünften Himmelsregion noch andere göttliche Wesen, acht Erzengel und die beiden Tārās, die dem Avalokiteśvara zugehören, und die im Grunde nur eins sind, nämlich eine barmherzige Doppelgöttin, die in China unter dem Namen Kwanjin, in Japan unter dem Namen Kwannon verehrt wird. Außerdem residiert hier auch der unter die Bodhisattvas gerechnete Manjuśrī, die «süße Stimme», der Apoll des Buddhismus, die Verkörperung der Weisheit, der einzige Bodhisattva, dem keine Śakti beigegeben ist. Ferner haust in dieser Region die schreckliche Göttin Mārīcī, die einen Löwenkopf hat und als Gemahlin des Todesgottes Yama gilt.

In den unteren Regionen des Paradieses leben die Yidams, niedere tantrische Schutzgötter, die die Dämonenscharen befehligen, und die Dākinīs, die indischen Furien. Züge der hinduistischen Göttin Durgā zeigt die schrecklich aussehende Göttin Lhamo, die wir auch hier finden. Trotz ihrer furchterregenden Gestalt ist sie immer bereit, den von Dämonen verfolgten Guten zu helfen. Unter der Aufsicht der Yidams stehen die dem *Karma* unterworfenen 33 brahmanischen Götter, die also auch in das buddhistische Pantheon aufgenommen worden sind. Weitere niedere göttliche Wesen sind die acht Muttergottheiten, Titanen und zahllose gute und böse Geister wie die Yaksas und die Rākshasas, die die untersten Bezirke bevölkern.

Alle diese nach Millionen zählenden Fabelwesen sind aber nur der Abglanz jenes universellen Diamanten, jenes einen Unbegreiflichen, ein Schleier vor der wahren Realität, vielleicht sogar nur eine *Māyā*, eine Illusion. Und da schimmert auf einmal wieder etwas vom alten, echten Buddhismus hervor.

Die tibetische Methode der Askese umfaßt vier Stufen, die den vier edlen Wahrheiten entsprechen: das Leben, die geistige Anstrengung, die Praxis und die Erlangung der Frucht.

Die Tantras

Der nördliche Buddhismus folgt in seiner Praxis zwei Wegen: dem der Tantras und dem der Sūtras. Die Tantras sind der literarische Niederschlag einer das Magische bevorzugenden religiösen Richtung, Tantrismus genannt, die in ihren Anfängen wohl noch in die vorbuddhistische Zeit zurückreicht und in Bengalen und Assam entstanden ist. Der Tantrismus tritt unter zwei Formen, «Rechte Hand» und «Linke Hand» genannt, auf; erstere vertritt den Primat des männlichen, letztere den des weiblichen Prinzips. Diese «Linke-Hand-Schule» ist es, die im tibetischen Buddhismus, dem Vajrayāna, Eingang gefunden hat und von den Gläubigen praktiziert wird. Dabei dienen die tantrischen Gottheiten, die nichts anderes sind als die personifizierten magischen Kräfte, als Führer auf den einzelnen Stufen des Weges zum Heil. So wird auf einem seltsamen Umweg das Wort des Buddha wahr, der die Welt als reines Phantasiegebilde bezeichnete, in dem magisch geschaffene Wesen durch einen ebenfalls magisch erschaffenen Retter aus einem magisch geschaffenen Leid befreit werden, indem dieser Retter ihnen die Vergänglichkeit allen Daseins aufzeigt. Und an anderer Stelle erläutert der Buddha, alle Freuden und alle Besitztümer seien nur durch die *Māyā*, die trügerische Wunderkraft, hervorgebracht, sogar die Lehre und der Buddha selbst.

Das heißt nicht, daß der Buddha und die Lehre nicht existierten, sie sind lediglich etwas völlig anderes als das, für das wir sie ansehen. Nur mit den tantrischen Methoden aber ist dieses Anderssein zu ergründen. So wurde der Buddhismus in Tibet zu einer Religion, die den Menschen die magischen Mittel in die Hand zu geben versprach, durch die er seinen Wünschen bei den Himmlischen Gehör verschaffen oder sich geistig für den Weg der Erleuchtung rüsten konnte.

Einzelne Sekten haben sich auf die Erlangung magischer Kräfte geradezu spezialisiert. Durch Konzentration, behaupten die Mönche dieser Sekten, könnten sie diese Wunderkräfte, die acht *Siddhis*, erwerben, die zu einem vollkommenen Yogin gehören: die Naturkräfte beherrschen, Seuchen zum Erlöschen bringen, wilde Tiere zähmen, auf dem Wasser gehen, Felsen forttragen; die Verwesung von Leichen

Beim T'sam-Fest in der Mongolei tanzen die Mönche als Dämonen verkleidet den Befreiungstanz einer Seele aus der Hölle

aufhalten, Tote zum Leben erwecken und böse Dämonen in Helfer der Lehre verwandeln.

Wie die Texte erzählen, hat der Tibeter Marpa von seinem Lehrer Nāropa, dem Rektor der indischen Universität Nālandā, des buddhistischen Oxford, gelernt, seine Gestalt und seine Größe zu verändern, über weite Entfernungen zu hören und zu sehen, Gedanken zu lesen, sich an seine früheren Existenzen zu erinnern und die Zukunft zu deuten. Es heißt, er habe von einem Körper in den anderen übergehen können, indem er seinen gewöhnlichen Körper wie tot zurückließ.

Die Technik der Mahāmudrā

Wir wollen die dämonologischen Praktiken der Rotmützen, die nur dem Namen nach buddhistisch sind, außer acht lassen und versuchen, die Methoden zu skizzieren, die zur Ausschaltung des Bewußtseins und zur Erlangung der Erkenntnis empfohlen werden. Der erste

Taschilama war es, der um 1550 in seiner «Abhandlung vom Großen Symbol» (*Mahāmudrā*) ausführlich eine Technik des Ahnens und der inneren Schau entwickelte.

Die Orthodoxen lehnten solche physischen Methoden ab, weil sie ihnen der Vergeistigung entgegengesetzt schienen. Den tantrischen Buddhisten hingegen galt der Körper nicht als Hemmnis bei der Versenkung, sondern im Gegenteil als Hilfsmittel, die Befreiung zu erlangen. Dabei machten sie sich die jahrtausendalte Erfahrung der Yogins zunutze. Wie diese nahmen sie zuerst eine bestimmte Körperstellung ein. Sie setzten sich mit gekreuzten Beinen, die Fußsohlen vom Körper wegzeigend, nieder. Ein «Meditationsstrick», der um die Knie und den Nacken geschlungen wurde, sollte verhindern, daß der Oberkörper umsank. Die Zunge mußte nach rückwärts eingebogen werden und am Gaumen aufliegen, die Augen mußten die Nasenspitze fixieren. Einige behaupteten, außerdem ihre beiden Lungenflügel unabhängig voneinander arbeiten lassen zu können und die «679 glatten Muskelfasern», also wohl die längsgestreifte Muskulatur, wie wir sagen, zu beherrschen, die ja vom vegetativen Nervensystem gesteuert wird.

Von großer Bedeutung ist sodann die Atmung (*Prāua*), durch deren willkürlich veränderten Rhythmus das Einschläfern des Bewußtseins bewirkt und ein ekstatischer Zustand herbeigeführt wird. Der Hatha-Yoga hat eine solche Atemtechnik entwickelt, mittels deren gewisse Asketen eine Art Fieber erzeugen wollen, die sie befähigt, unbekleidet sich der größten Kälte auszusetzen. Die orthodoxen Mahayanisten sehen allerdings mit Verachtung auf diese «Langhaarigen» (*Keshin*) herab, die einsam in den Bergen des Himalaya ihrer Askese nachgehen.

Die rituelle Ekstase muß aber, soll sie wirksam sein, die Körperübung mit dem magischen Wort (*Mantra*) und der Ausschaltung des Denkens (*Samādhi*-Versenkung) vereinen. Die gebräuchlichste Methode der Ekstase besteht darin, zu versuchen, das Bewußtsein in ein «objektloses», intuitives Denken zu überführen und gleichzeitig in eine wache und befreite Aufmerksamkeit. Das, was man die Kinematographie des Denkens nennen könnte, muß zum Stillstand gebracht und die Aufmerksamkeit stattdessen auf bestimmte, am Anfang ganz elementare Objekte gerichtet werden: geometrische Figuren etwa. Durch den «nach innen gewendeten Blick» soll der Meditierende dann fähig sein, somit das betreffende Objekt zu identifizieren und sich von Raum und Zeit zu lösen und ins vollkommen Unbewußte einzutreten. «Wenn man in diesem Zustand die klare Vision der Leerheit hat, so wird sie sich zeigen als Stillstand und Bewegung zugleich. So wie der Fisch sich im Wasser bewegt, ohne daß die

Oberfläche sich kräuselt ... Aber was einem auch in dieser Leerheit erscheint, man soll es entfliehen lassen und nichts für real halten ...» (Śri Aurobindu)

Vier Stufen müssen durchschritten werden in der Versenkung, um sich über die drei Erscheinungswelten, die der Begierde (*Kāma*), der Formen (*Rūpa*) und der Nichtformen (*Arūpa*), in die Leere zu erheben:

1. Durch die Festlegung des Blicks auf ein Buddhabild, ein *Mandala* (das ist eine magische geometrische Figur), und des Gehörs auf den Laut *Om* wird das «geistige Auge» auf die Leerheit gerichtet und werden die Einwirkungen der Außenwelt auf das Bewußtsein gedrosselt. Das Ich-Bewußtsein hört auf.

2. Nachdem so alles diskursive Denken aufgehört hat, werden die Unterschiede der Erscheinungen aufgehoben. Mit der Stillegung des Geistes offenbart sich das «Wahre».

3. Durch die Ausschaltung der Sinnlichkeit, das Nichtvorhandensein von Begehren und Abneigung, gelangt der Asket zu einem inneren Zustand, der der Leere konform ist. Er erschaut das Wesen der Dinge.

4. Die völlige Loslösung von der Erscheinungswelt und das Unterbrechen der Kausalitätskette bringen den Asketen ans Ziel: Von Angesicht zu Angesicht den drei Körpern des Buddha gegenüberzustehen und die reine Erkenntnis (*Bodhi*) oder Erleuchtung zu finden.

Der Meditierende erlebt gleichsam den Zerfall seines Körpers und das Wiederauferstehen durch unzählige Buddhas, die in ihn eindringen. Er löst sich von den noch mit Form und Farbe behafteten Erscheinungen und erreicht einen Zustand des inneren Wohlbefindens und Friedens. Jedoch muß er auch diesen Zustand wieder aufgeben und sich zu völliger Gleichgültigkeit gegenüber jeder Art von Glückseligkeit läutern, er muß dahin kommen, das Universum zu «fühlen». Nur wenige freilich erreichen diese Stufe, die mit dem Erwerb außerordentlicher magischer Kräfte verbunden sein soll. Aber denjenigen, die am Ende der acht Versenkungsstufen da angelangt sind, wo Raum, Zeit und Bewußtsein aufgehoben sind, steht schon zu Lebzeiten das Tor zum Nichtsein geöffnet, wie die Texte sagen. Wenn ihr Herz in diesem Moment aufhört zu schlagen, wird die Kette der Wiedergeburten für sie endgültig durchbrochen sein.

«Nicht anders ist die Befreiung zu erlangen. Danach gibt es keine Wiedergeburt mehr. Entschließt euch, ein Buddha zu werden.»

Mongolische Mönche in Winterkleidung

Das Mandala

Der Gläubige oder Mönch, der sich über die rituelle Routine hinaus bemüht, vertraut sich der geistlichen Führung eines Lehrers, eines Guru, an, von dem er die Lehre in Worten, Gedanken und auch durch den bloßen persönlichen Einfluß, sogar aus der Ferne, aufnimmt. Er identifiziert sich mit dem Guru, der sich seinerseits mit ihm identifiziert, und so steigt man gemeinsam den Stufenweg bis zur mystischen Vereinigung mit dem Bodhisattva hinauf.

Doch gehören zu dieser Methode auch gewisse Riten, magische Formeln z. B., die die Meditierenden innerlich vorbereiten sollen. Ein sehr häufig vollzogener Ritus ist das Erstellen eines sogenannten

Mandala. Diese *Mandalas* sind magische geometrische Figuren, die man seit der ältesten Zeit kennt. Sie werden als Kreis oder Vieleck mit Sand, Farben, Blumen, Reiskörnern, Mehl und anderem auf dem Boden bezeichnet. Um einen Zentralpunkt werden die Linien in symmetrischer, magisch-bedeutsamer Weise geordnet.

Der Sinn eines solchen *Mandala* ist die symbolische Darstellung des Universums, der Welt des Mikro- und des Makrokosmos, deren Gegensatz und Harmonie symbolhaft ausgedrückt werden soll. Daneben ist das *Mandala* Ausdruck der Psyche dessen, der es zeichnet, die sich, wenn das *Mandala* im Zustand der Versenkung gezeichnet wird, kraft der magischen Macht des *Mandala* intuitiv dem Absoluten annähert.

Dieses Zeichnen eines *Mandala* entspricht genau dem, was C. G. Jung den «Prozeß der Individuation» nennt. Der Meditierende überläßt sich einer selbständig in ihm wirkenden schöpferischen Einbildungskraft – nicht bloßer Phantasie –, die das Transzendente in vielen Bildern in den Bereich des Bewußten holen will, allerdings nur eines Bewußtseins in der Trance, nicht eines Wachbewußtseins. Nur während des Aktes der Formung selbst erfährt der Meditierende die Wirkung des *Mandala.* –

Es bedarf eines langen Trainings, bevor der Mönch fähig ist, in der Versenkung ein *Mandala* zu erstellen, denn sein Aufbau ist äußerst kompliziert. Ist er aber dazu imstande, dann sieht er in der Versenkung das Spiel der bewegenden Mächte im Universum und kommt seinem Ziel, die Mauer zu überschreiten, die ihn von jenem geheimnisvollen Zentrum trennt, in dem sein Bodhisattva residiert, näher.

«Oh, ihr Jinas, befreit mich von der Scheinwelt,
Ich bringe euch Gebete und Opfergaben dar,
Die Beichte meiner Sünden gegen die Religion.
Ich bezeige Reue, damit die Tugend,
Die ich habe erwerben können,
Mir Heil bringe.
Om Mani Padme Hūm»

Der chinesische Buddhismus

China scheint den ersten Kontakt mit dem Buddhismus erst im 1. Jahrhundert vor Christus erhalten zu haben, wahrscheinlich durch die Berührung des Han-Reiches mit dem indo-skythischen Reich Kaniskas.

Kwanjin, der weibliche Avalokiteśvara Chinas

Eine Gesandtschaft, die der Kaiser Ming-ti nach Indien geschickt hatte, soll 42 mahayanistische Sūtras in das Reich der Mitte zurückgebracht haben. Aber wenn auch eine Reihe von Schriften nach China gelangten, wenn auch durch Kaufleute und reisende Mönche ein ständig wachsender Kontakt mit dem buddhistischen Indien bestand, so zeigte China zu dieser Zeit nur wenig Interesse an der Lehre des Vollendeten.

China war damals im Volk von animistischen Vorstellungen und einem magischen Taoismus beherrscht, die Elite hing dem Konfuzianismus an. Zudem machte ihr nüchterner, praktischer Sinn die Chinesen wenig geneigt, sich religiösen Spekulationen über das, was jenseits der Wirklichkeit liegt, zuzuwenden. Auch der eingewurzelte Stolz auf ihre eigene schon damals jahrtausendealte Kultur hielt die Chinesen zunächst davon ab, sich dem vom indischen Geist geprägten Buddhismus zuzuwenden. Nicht zuletzt waren es sprachliche Schwierigkeiten, die die Verbreitung der Lehre in China hinderten. Wenige Chinesen nur konnten lesen, noch weniger waren mit den indischen Sprachen vertraut. Die Texte mußten also erst in die chinesischen Dialekte übersetzt und ihr Inhalt dann den des Lesens unkundigen Massen mündlich übermittelt werden. Das alles brauchte natürlich sehr lange Zeit und war mit beinahe unüberwindlichen Schwierigkeiten verbunden.

Der Buddhismus drang also nur langsam und mit vielen Unterbrechungen in China vor. Im 3. und 4. Jahrhundert wurde er sogar vom Staat bekämpft, der den Chinesen verbot, Mönch zu werden, da dieser Zustand «völlig unnütz sei für die Wirtschaft und die Landwirtschaft». Wenn die Lehre des Vollendeten trotzdem langsam an Boden gewann, so deshalb, weil ihre den Chinesen fremdartig erscheinenden Thesen das intellektuelle Interesse der Gebildeten weckten, die jedoch an einen Übertritt zum Buddhismus in der Regel nicht dachten. Im übrigen war der nach China kommende Buddhismus auf seinem Wege von anderen Kultureinflüssen, iranischen und sogar hellenistischen, berührt worden, deren Spuren sich vor allem in der chinesisch-buddhistischen Kunst, insbesondere der der Wei-Zeit (3. und 4. Jahrhundert nach Chr.) niedergeschlagen haben.

Zwischen 150 und 170 soll ein parthischer Fürst, den die Chinesen Ngan Tsche Kao nennen, den Amitābhakult nach China gebracht haben, der in seiner Wurzel zweifellos zoroastrisch ist. Diesem Kult des Dhyānibuddhas der westlichen Region gelang es, ins Volk durchzudringen. Unter den ersten Tang-Kaisern wandte sich die Gunst des Volkes jedoch mehr dem Maitreya-Kult zu, später dem des Bodhisattva Avalokiteśvara in seiner weiblichen Form als Kwanjin.

Die ersten indischen Missionare in China waren Mönche der Sarvāstivāda-Sekte, auf die der Abhidharma zurückgeht und die die Realität der Erscheinungen nur in ihrer Totalität (*Sarvam*) anerkennt. Die frühsten chinesischen Dokumente über die Lehre der Sarvāstivādins sind nur vier Jahrhunderte nach der Abfassung des Abhidharma in Sanskrit entstanden.

Im 5. Jahrhundert führte die Schule der Sautrāntikas (Sūtra-Anhänger) das ceylonesische *Hīnayāna* in Südchina ein, während zur gleichen Zeit auf dem Weg über Burma und Setschuan die Sanskrittexte des *Mahāyāna* ins Land kamen, die bald übersetzt wurden.

Um 555 bringt dann Paramārtha die *Avataṃsaka*-Lehre, chinesisch *Hua jen tsang* genannt, ins Land, die einen mittleren Standpunkt zwischen dem Yogācāra und dem Tantrismus vertritt. Sie lehrt die Ähnlichkeit und gegenseitige Durchdringung aller Dinge. Es gibt nach ihr keine Zweiheit, weil Objekt und Subjekt sich nicht voneinander unterscheiden, nicht einmal das *Nirvāna* unterscheidet sich von der Welt. Im Jahre 720 führte Vajrabodhi, ein Schüler des Nāgabodhi, der wiederum ein Schüler Nāgārjunas war, den Yoga in China ein, den die Chinesen *Hui-ko* nannten.

Der Tschan

Der größte Evangelist des Buddhismus in China war ein Mönch aus dem Dekhan: Bodhidharma, den chinesische Bilder immer vor einer Mauer sitzend darstellen, durch die er sich von der Außenwelt abschirmen wollte. Er gründete die eigentliche mystische Schule des chinesischen Buddhismus, den *Tschan*. Aber derjenige, der dieser Religion Gestalt geben sollte, war ein Chinese: Hiuan Tsang. Durchdrungen von einem leuchtenden Glauben, war er von einem Studienaufenthalt aus Indien zurückgekehrt und hatte 610 die Schule des Wei-Schi gegründet, die sich später in eine Nord- und eine Südschule teilte.

Die Wei-Schi-Lehre, die eine subtile Dialektik vertrat, stellte eine Weiterbildung der Lehre Nāgārjunas dar. Sie baute auf der alten Konzeption von der Trennung der Ebenen der Wirklichkeit auf.

Mit der Vorstellung des Wei-Schi von einem pyramidenartigen Weltsystem, in dem sich das Absolute im «Nullpunkt von Zeit und Raum» befindet, steigt man in Bereiche herab, wo die Erleuchtung einen fast materiellen Charakter erhält. Jeder Mensch kann hoffen, die Stufen zu ersteigen, die ihn zu dem Ort führen, wo die Befreiung sich realisiert, zum Nirvāna. Wenn er es mißachtet, so hat er doch wenigstens die Möglichkeit gehabt.

Wir berühren hier das innerste Wesen des Buddhismus, wie es

Buddhakopf (Bemalter Ton, China, 7. Jh.)

allerdings nicht der Buddha selbst, sondern Nāgārjuna dargelegt hat. Es entzieht sich nicht allein unserem westlichen Verständnis, sondern jedem Intellekt, der sich allein auf die Texte verläßt. Ihr wahres Verstehen erwächst nur in einer immer mehr geläuterten Meditation.

Hiuan Tsang war nicht nur ein großer Theologe, ein genialer Organisator und mitreißender Prediger, er war ebenso ein bedeutender Gelehrter. In seiner klassischen «Abhandlung über die Vollendung» oder «Ansicht, derzufolge jedes Ding nur eine Idee ist», hat er die umfangreichen Kommentare des Vasubandhu, und des *Dharmapāla* zusammengefaßt. Hiuan Tsangs Schüler, Kuei-Tschi, verfaßte um 680 eine mahayanistische Enzyklopädie. Der chinesische Buddhismus trägt so die Züge des *Mahāyāna,* ohne indessen mit dem nordindischen und burmanischen eins zu sein.

Im 8. Jahrhundert kam dann über Tibet der indische Tantrismus nach China, und zwar in der Form der Schule der «Rechten Hand», die sich bis heute unter dem Namen Mi-T'sung erhalten hat. Die Schule kombiniert zwei Tantras und lehrt bestimmte *Mandalas,* z. B. einen passiven Kreis der Mütterlichkeit (*Garbha-Dhātu*) und einen aktiven «Diamantkreis» (*Vajra-Dhātu*). Die verschiedenen in diesen *Mandalas* dargestellten Elemente sind die Aspekte der höchsten Realität, des Buddha Mahā-Vairocana.

Im 9. Jahrhundert kam Atīśa, nachdem er in Tibet gewesen war, auch nach China. Er blieb hier einige Zeit und reinigte den Mahāyānismus von inzwischen in ihn eingedrungenem chinesischem Beiwerk – wie gewissen taoistischen Riten, dem Drachenkult und anderem.

Die Schüler Atīśas bauten auf Bergen die drei großen Klöster von T'ai Tschan, Omei Tschan und Ki-tsou Tschan, berühmte Wallfahrtsorte. Sie übernahmen das Sanskrit als heilige Sprache, in der die Mönche die Sūtras rezitieren und das vorgeschriebene öffentliche Sündenbekenntnis ablegen mußten.

Die zunehmende Abwendung vieler Chinesen von den Angelegenheiten des Staates unter dem Einfluß der buddhistischen Mission beunruhigte die Regierung so, daß wieder, wie schon einmal im 4. Jahrhundert, ein Verbot erlassen wurde, Mönch zu werden. Im Jahre 845 kam es dann sogar zu einer großen Buddhisten-Verfolgung, in deren Verlauf über 200 000 Buddhisten deportiert und zur Zwangsarbeit verurteilt und vierzigtausend Tempel sowie fünftausend Klöster zerstört wurden.

Obwohl in der Folge viele indische und tibetische Mönche nach China kamen und der Buddhismus eine versteckte Missionsarbeit leistete, kann von einer Bekehrung Chinas zur Religion des Vollendeten nicht die Rede sein. Zwar entstanden wieder viele Klöster, und es gab eine große Zahl von Tempeln, in denen Kwanjin, der weibliche Avalokiteśvara, verehrt wurde, und zahlreiche Wallfahrtsorte, aber immer wieder verhinderten der in seiner Vormacht nie ernstlich bedrohte Konfuzianismus der Gebildeten, der animistische Taoismus der Massen und die Macht der Tradition die wirkliche Durchdringung Chinas mit der Lehre des Buddha. Nüchtern, wie die Chinesen sind, wußten sie mit blassen Meditationsbuddhas und himmlischen Bodhisattvas nicht viel anzufangen. Sie gaben ihnen daher einen historischen Charakter. Der Bodhisattva Manjuśrī, so behaupteten sie, sei ein durch seine Weisheit berühmter chinesischer Prinz gewesen, und der Buddha selbst galt auf Grund seiner adligen Abstammung als Lehensherr der Lokalgottheiten, soweit er diesen nicht sogar hat weichen müssen.

Die Mönche hatten sich zunehmend profanen Fähigkeiten zugewandt. Als Ärzte und Wahrsager, Fürsprecher bei den Mächtigen und Schlichter bei Streitigkeiten haben sie bedeutenden Einfluß hinter den Kulissen ausgeübt. Sie besaßen geradezu eine Art Monopol als Sterbepriester und wurden oft auch zu sterbenden Nichtbuddhisten gerufen.

Der annamitische Buddhismus

Der annamitische Buddhismus ist eine Abart des *Mahāyāna*, aber er wird eigentlich nur von den Mönchen ernst genommen. Im Volk ist er mit animistischen, konfuzionistischen und mehr oder weniger korrumpierten taoistischen Praktiken sowie mit Wahrsagerei vermengt worden. Wie in den Thai-Ländern hat der Buddhismus auch hier den Kult einheimischer Gottheiten mit aufgenommen. Neben der Verehrung des Buddha, der Kwanjin und Ānandas blieb die Anbetung Ngoc Hoangs, des taoistischen Jupiter, und anderer Gottheiten und Heiliger bestehen.

Der japanische Buddhismus

Man müßte eigentlich besser von japanischen Buddhismen sprechen und nicht von einem in Japan praktizierten Buddhismus, denn es gibt mehr als sechzig Sekten von zum Teil sehr ausgeprägter Eigenart, die das religiöse Leben im «Land der aufgehenden Sonne» bestimmen, wie 72 000 Tempel und Klöster bezeugen. Die anderen Religionen einschließlich des Schintoismus spielen neben ihm keine bedeutende Rolle. Der von China über das Meer nach Japan gekommene Buddhismus hat sich früh dem Charakter der Japaner angepaßt. Er nahm eine weniger rigorose Haltung in vielen Fragen ein, verzichtete etwa auf die Zerstörung der Persönlichkeit, die mit dem japanischen Denken unvereinbar wäre, und kam auch den sozialen und geistigen Gegebenheiten Japans weitgehend entgegen. Mit dem Amida(Amitābha)-Kult und der Kwannon-Verehrung befriedigte er

Der annamitische und der chinesische Bonze sind richtige Priester, Mittler zwischen den Gläubigen und den Buddhas bzw. Bodhisattvas. Im Gegensatz zu den Mönchen tragen sie auch nicht mehr das gelbe Gewand, sondern eine Priester-Tunika

Das Riesendenkmal des Amida in Kamakura (Bronze, Japan, 18. Jh.)

das Verlangen der Japaner nach einem Glauben des Seelenfriedens und der heiteren Glückseligkeit.

Kein japanischer Buddhist sieht in diesen Veränderungen und in dem ausgebildeten Ritual einen Verrat an der Lehre des Vollendeten. Man sieht im Gegenteil in diesen Riten äußerliche Hilfsmittel, die es dem von Natur schwachen Menschen erleichtern, den *Dharma* aufzunehmen und sich auf den Weg zur Befreiung zu begeben.

712, in der Tempyo-Zeit, kam die chinesische Wei-schi-Lehre nach Japan, wo sie unter dem Namen Hosso neu erblühen sollte. Ihr Hauptkloster gründete sie auf dem Berge Hieisan nahe Kyoto. Etwa hundert Jahre danach brachte der Mönch Dengyo, den der Kaiser Kammu nach China gesandt hatte, aus dem Reich der Mitte eine Lehre mit, die er Tendai nannte. Diese Lehre lehnte die Anschauung, daß die Erleuchtung nur den Heiligen vorbehalten sei, ab und behauptete, die «Buddhanatur» sei in jedem Menschen wirksam und jeder könne, ohne ein Heiliger zu sein, die Erleuchtung finden.

Bald gingen aus der Tendai-Sekte Untersekten hervor, die die Gedanken des Tendai weiterführten. An erster Stelle muß die 816 von Kobo Daischi gegründete Schingon-Sekte genannt werden, die eine kosmische Liebe lehrte: «Mahā-Vairocana, der große Allbuddha, ist die schöpferische Allseele. Alles, was ist, ist Ausfluß seiner Größe, jedes Sandkorn und jeder Wassertropfen.» (Anesaki)

Der Amida-Kult

Es gab in Japan viele, denen der blasse Begriff des *Nirvāna* nicht genügte. Sie verlangten nach einem deutlicheren Heilsziel und fanden dieses im Paradies des «Reinen Landes», dem Reich Amitābhas oder Amidas, wie er in Japan heißt. Der Amidismus, die milde Lehre vom Vertrauen in die Barmherzigkeit und Gnade Amidas, ist die Antwort auf die alte sehnsuchtsvolle Frage der Menschen nach einem liebenden himmlischen Tröster. Da Amida nicht ein unerreichbarer Gott, sondern ein barmherziger, gütiger Buddha ist, fanden die Menschen Japans im Glauben an ihn in der Tat jenes Gefühl der Geborgenheit, das sie seit den blutigen Bürgerkriegen unter dem Schogunat der Fujiwara nicht mehr kannten.

Derjenige, der den schon alten Amida-Kult populär gemacht hat, war ein von der Tendai-Sekte abgefallener Mönch namens Honen Schonin, genannt Genku. Gegen Ende des 12. Jahrhunderts gründete er die Yodo-Schu-Sekte oder «Schule des Reinen Landes», das Gegenstück zum chinesischen Wei-Schi des Hiuan Tsang. Nach der Lehre Honen Schonins wird der, welcher auf die Gnade Amidas vertraut, im «Paradies des Reinen Landes» wiedergeboren, wo ihm dann die endgültige Befreiung zuteil wird. Honen begründet seine Lehre mit der Feststellung: «Fern vom Meister ... kann niemand mehr recht die Tiefe der Weisheit des Buddha verstehen. Wozu die Menschen noch fähig sind, ist allein, an den Buddha zu glauben.» Der Glaube ist das Entscheidende selbst, die moralische Lebensführung bedeutet daneben wenig.

Aus den von tiefer Liebe zu Amida erfüllten Gedichten Honens haben seine Anhänger eine Art Evangelium der Barmherzigkeit Amidas gemacht, dessen Gnade, wie Honen in einem Vers sagt, den nie im Stich läßt, der auf sie vertraut. Das Yodo ist bis heute eine der bedeutendsten Sekten in Japan geblieben. Eine Untersekte des Yodo, das Schin, die wahre Schule, wurde 1250 von Schinran, einem ebenfalls von Tendai abgefallenen Mönch, gegründet. Während der Meditation soll er von Kwannon, dem weiblichen Avalokiteśvara Japans, den Rat erhalten haben, sein Mönchsgelübde zu brechen und eine Prinzessin zu heiraten. Seitdem dürfen die Mönche des Schin heiraten und Fleisch essen. Neben einem reinen Leben genügt es, wie beim Yodo, Vertrauen zu Amida zu haben, um das ewige Heil zu erlangen.

Erwähnen wir noch Nichiren, der die «Schule vom Gesetzeslotos» gründete, eine Sekte mit national-politischem Hintergrund, deren religiöse Hauptthese der Glaube an den höchsten, unbeweglich im Himmel des Universums thronenden Buddha ist. Da Nichiren selbst eine politische Kämpfernatur war, geriet er in Schwierigkeiten mit der Regierung. Er soll zum Tode verurteilt und durch ein Wunder errettet worden sein: ein Blitz, so ist überliefert, sei vom Himmel gefahren und habe dem Henker das schon erhobene Schwert aus der Hand geschlagen.

Viel verehrt in Japan ist auch Jizo, der Kshitigarbha des indischen Buddhismus. Er gilt als Beschützer der Kinder, der schwangeren Frauen und der Reisenden. Er ist ein heiterer Pilger, der über die Berge wandert und dabei die Ringe klirren läßt, die an seinem langen Wanderstab hängen.

Der Zen-Buddhismus

Zen heißt *Dhyāna,* Meditation. Die japanische *Zen*-Lehre ist eine Fortbildung des chinesischen *Tschan,* von dem wir gesprochen haben und das der indische Mönch Bodhidharma Ende des 6. Jahrhunderts in China gepredigt hatte. Im *Tschan* wollte der Gläubige durch Ekstase auf dem Grunde des eigenen Denkens das Absolute finden. Unter dem Einfluß des Taoismus galten dem *Tschan* die Dinge als Erscheinungen des einen Unsichtbaren.

Um 1190 beschäftigte sich der japanische Mönch Eisai während eines China-Aufenthalts mit Konzentrationsübungen. Nach seiner Rückkehr gründete er in Japan im Kloster Schojukuji in Hakata die

Der Bodhisattva Kshitigarbha, der große Fürsprecher, trägt einen mit Metallringen versehenen Stab, mit dem er an die Pforte der Hölle klopft (Zentralasien, 10. Jh.)

Zen-Sekte. Dreißig Jahre später propagierte der Mönch Dogen ein reformiertes Zen, das er *Yodo* nannte.

Ohne sich logischer Argumente zu bedienen, verläßt der Zen-Anhänger sich auf die Intuition, die Wirkung der psychotechnischen Konzentrationsübungen. Ziel der Versenkung ist es, die Seele von der im profanen Leben entstandenen Verunreinigung zu befreien und so in sich selbst den Kern zu suchen, bei dessen Entdeckung alle Unterscheidungen aufgehoben sind. Diesen Kern kann man Geist,

Seele, Urgrund des Universums nennen, er ist das im Dasein verborgene Absolute.

Zen folgt methodisch dem *Yoga*, den man zu höchster Vollendung weiterentwickelt hat. In der Meditation soll sich der Zen-Anhänger schließlich mit dem Kosmos identifizieren. Auf dem Umweg über *Zen* dringt so wieder der alte schintoistische Pantheismus in die Lehre des Buddhismus ein. Allerdings sind diese «Ziele» der Zen-Versenkung lediglich von selbst eintretende Nebenwirkungen; im Grunde kommt es nur darauf an, geistige Energie an sich zu entwickeln.

Diese Lehre vom «Handeln, ohne Absicht» entsprach dem japanischen Ideal der «höchsten Unnützlichkeit», sie fand daher ihr stärkstes Echo beim Kriegeradel der Samurai. Dabei ist schon paradox, daß ausgerechnet die Lehre vom Nichtverletzen zum Ehrenkodex eines Kriegerkorps wurde. Ebenso paradox mag es erscheinen, daß diese die Aktion so überbewertende *Zen*-Lehre zugleich die Pflegestätte der subtilsten Empfindsamkeit war. Die größten Dichter und berühmtesten Maler Japans sind Anhänger des *Zen* gewesen. *Zen* hat sie gelehrt, in ihrer Kunst das auszudrücken, was hinter unserer vordergründigen Wirklichkeit verborgen liegt.

Kshitigarbha-Stab, wie ihn lange Zeit die chinesischen und japanischen Bettelmönche trugen

DER BUDDHISMUS UND DER WESTEN

Man kann nicht abstreiten, daß das Interesse an den asiatischen Kulturen wächst. Ein neuer universeller Humanismus ist im Begriff, sich zu bilden, der ohne den Beitrag Asiens nicht denkbar ist. Im einzelnen hat uns die Bekanntschaft mit der indischen Kultur, der Stellung, die der indische Geist dem Menschen zuweist, den intuitiven Methoden der Wahrnehmung, der Symbolsprache, unvermutete Perspektiven eröffnet, die eine vertiefte Beschäftigung mit dem indischen Geist immer lohnender zu machen versprechen.

Nun ist zwar dieser indische Geist nicht unbedingt mit dem Buddhismus identisch; dennoch wird man die Frage stellen müssen, ob der Buddhismus, um den es uns hier geht, nicht geeignet wäre, im Westen feste Wurzeln zu schlagen. Gewiß, es gibt schon seit langem einzelne buddhistische Zellen in Europa und Amerika – in England sogar in beachtlicher Zahl, einmal durch die historischen Beziehungen zu Indien, zum anderen wohl auf Grund der englischen Freude am Sektierertum und Klubwesen. Schließlich lieferten englische Gelehrte den Hauptanteil an der Übersetzungsliteratur, und London war der Tagungsort des ersten buddhistischen Kongresses auf europäischem Boden. Auch in Frankreich und in Deutschland sind die Namen großer Gelehrter mit der Verbreitung der Kenntnis des Buddhismus verbunden. Aber kann die Lehre des Vollendeten uns im Westen wirklich etwas geben?

Man kann die Einstellung des Westens zum Buddhismus in drei Punkten zusammenfassen: Sie kann 1. eine geistig-humanistische sein, die im Buddhismus einen bedeutenden Faktor der Menschheitskultur sieht. – Sie kann 2. eine psychologisch-introvertierte sein, die sich von der Lehre vertiefte Selbsterkenntnis und spirituelle Bereicherung erwartet. So schrieb Hackin, der Buddhismus habe ihm ein kostbares Gut geschenkt, jenes unendliche Wohlgefühl, das aus der Meisterung des Ich erwachse. – Sie kann 3. eine religiöse sein, die sich praktisch in der Hinwendung zu einem Neo-Buddhismus äußert, der unter den Religionen die Rolle des Esperanto unter den Sprachen spielt.

Das Christentum nimmt dem Buddhismus gegenüber zwei Positionen ein. Da ist einmal die der kompromißlosen Ablehnung, als deren Repräsentanten man etwa René Guenon nennen könnte, der in seinem Buch über Buddha und seine Nachfolger die Lehre eine Anomalie nennt, «eine tiefe Verneinung, antisozial und antimetaphysisch». Man muß einräumen, daß die buddhistischen Thesen vom

Nichtvorhandensein eines Gottes und einer Seele einen gläubigen Christen schrecken können.

Demgegenüber vertreten andere religiöse Denker eine tolerantere Haltung. Man könnte hier Henri de Lubac nennen, der, ohne seinen deutlichen Standpunkt aufzugeben, Übereinstimmungen zwischen dem christlichen und dem buddhistischen Humanismus feststellt; oder auch René Grousset, der sagt, der Christ könne ohne Hintergedanken die humane Schönheit des Buddhismus bewundern und sich, ohne dort die Wahrheit zu suchen, bei ihm unterrichten.

Wenn man das Einsiedlertum oder die Mystik in beiden Religionen überhaupt vergleicht, wird man in der Tat erstaunliche Übereinstimmungen feststellen, obwohl die Wege im einzelnen und das erklärte Ziel unterschiedlich sind. Am Ende steht hier wie dort die Vereinigung des Mystikers mit dem Absoluten, das im Buddhismus *Nirvāna* oder Leerheit, im Christentum Gott heißt.

Die modernen Wissenschaften, vor allem Physik und Chemie, scheinen die Lehre des Buddhismus voll zu bestätigen. Schon seit einer Reihe von Jahren weiß man, daß da, wo unsere Sinne Substanzen, Formen und Farben wahrnehmen, in Wirklichkeit Abläufe von Kraftveränderungen vor sich gehen. Der Begriff «Tisch», könnte man sagen, ist eigentlich nur eine Verbalfiktion, eine Hilfsvorstellung ohne Realität. Da, wo wir «Tisch» sehen, fühlen und gebrauchen, ist in Wirklichkeit nur eine Zusammenballung sich ständig verändernder Kräfte vorhanden, noch radikaler: nur unendlicher Raum, in dem in phantastischen Abständen Energiequanten umherschwirren, die sich in ständigem Wechsel anziehen und abstoßen. Die mathematischen Formeln, die wir gebrauchen, haben dabei nur für eine große Anzahl von Atomen Gültigkeit, nicht für das einzelne Atom. Das Gesetz der Kausalität weicht dem der Ungewißheit.

Aber nicht nur unser Bild von der Welt, wie es unsere Sinne uns geben, wird von der Atomphysik korrigiert. Zugleich bricht auf einer philosophischen Ebene eine tiefergehende Frage auf, die Frage nämlich nach der Gültigkeit unserer mathematischen Formeln. Sind diese Formeln «wahr», die unsere objektive Welt darstellen, da wir als Subjekt sie doch denken? Es ist das gleiche Problem, das den Buddhismus beschäftigte, wenn er sagte, es sei unmöglich, eine gültige Vorstellung von einem Objekt zu erhalten, wenn das Subjekt am Zustandekommen dieser Objektvorstellung beteiligt ist. Es ist das, was der englische Philosoph Bertrand Russell meint, wenn er davon spricht, daß unser Gehirn unfähig sei, sein eigenes Funktionieren zu untersuchen.

Diese Skepsis gegenüber der menschlichen Erkenntnisfähigkeit ist

Auf dem VI. Konzil in Rangun 1954 trafen sich die Vertreter aller Hīnayāna-Gemeinden

Der «große Auszug» des Prinzen Siddhārta aus dem Elternhaus. Der künftige Buddha wird nicht selbst, sondern symbolisch durch einen leeren Sattel und einen darüber gehaltenen Sonnenschirm dargestellt. (Amarāvatī, Indien)

die wissenschaftliche Anerkennung der *Māyā*, der buddhistischen Behauptung von der Relativität der Erscheinungen. Um diese Barriere der Erkenntnis, die aus der Subjekt-Objekt-Beziehung erwächst, zu überschreiten, muß der Erkenntnisvorgang in eine transzendentale Ebene verlegt werden, außerhalb der Welt der Kausalgesetze. So berührt sich hier das westliche Denken auf seiner höchsten Stufe mit der Lehre des Buddha.

In ähnlicher Weise nähert sich die moderne Psychologie dem Buddhismus an. Man denke an die Lehre vom punktuellen, vom Augenblicksbewußtsein, die William James vertrat; ebenso an die Theorien von C. G. Jung über die Beziehung des Bewußtseins zum persönlichen und kollektiven Unbewußten, die auf die Feststellung zahlloser psychischer «Gleichgewichtszustände» ohne Kausalzusammenhang hinausläuft, ähnlich wie in der Atomlehre.

Wir sehen also, wie die westliche Wissenschaft mit ihrer Erkenntnis des universellen Flusses, des Nichtvorhandenseins einer Substanz, der Unzulänglichkeit der sinnlichen Wahrnehmung usw. das nachholt, was der Buddhismus vorweggenommen hat. Wir sehen, wie die moderne Psychologie mit dem Buddhismus die «Seele» als etwas Labiles, Fluktuierendes erkennt, das sich jeder Kontrolle entzieht und von dunklen Kräften bewegt wird.

Wenn wir die Atomphysik für wahr halten — und die Tatsachen sprechen dafür, daß man das darf —, dann dürfen wir auch die buddhistische Leerheit anerkennen, das Vorhandensein eines «unbedingten» Zustandes, eines Zustandes jenseits von Kausalität, Raum und Zeit.

Eine neue Art zu sehen setzt sich also bei uns durch, und die Wissenschaft, die täglich tiefer in die Geheimnisse der Erscheinungswelt eindringt, nähert sich immer mehr den vom Buddha verkündeten Erkenntnissen an. Nachdem die alten Fundamente erschüttert sind, entdeckt sie Neuland jenseits der Grenzen unseres Verstandes, Neuland, das mit anderen menschlichen Fähigkeiten erschlossen werden kann, von denen wir bisher nur unzureichend Gebrauch gemacht haben.

Aber müssen deshalb, weil die Wissenschaften die Illusion aufgedeckt haben und sich anschicken, weiter vorzustoßen, Religion und Moral, die den Menschen einst aus seiner Primitivität befreit haben, verschwinden? Der Mensch kann nicht ohne eine Vorstellung von der Welt und seinem Platz in ihr leben, und der Materialismus kann ihm diese Vorstellung nicht geben, denn die Wissenschaften, auf die sich die Materialisten so gern berufen, haben sie widerlegt und klargemacht, in welch fundamentalem Irrtum wir leben, wenn wir an die Realität der Dinge glauben.

Man ist also gezwungen, sich umzuorientieren, und wird dabei an den Religionen des Ostens nicht achtlos vorübergehen dürfen, denn diese wissen seit Jahrtausenden, daß im Menschen ein unverlöschliches Feuer glüht, eine Kraft, die zwar an einen vergänglichen Körper gebunden ist, die aber dennoch fähig ist, sich über die Vergänglichkeit zu erheben.

DIE BUDDHISTISCHE KUNST

Der Buddhismus hat der Menschheit eine der entscheidenden Gelegenheiten gegeben, durch die Kunst ihr Fühlen und ihr Denken auszudrücken. Die Werke dieser Kunst zählen zum großen Erbe und unvergänglichen Besitz der Menschheit.

Bis zur Zeit Aśokas hat es in der Kunst keine Buddhadarstellungen gegeben. Vielleicht haben die ersten Buddhisten lediglich dem Wunsch des Buddha entsprochen, der es abgelehnt haben soll, sich bildlich darstellen zu lassen, vielleicht hat man sich aber auch gescheut, dem, der das Verlöschen alles Formhaften gepredigt hatte, durch die Kunst eine zweite Gestalt, eine den Körper überdauernde Form zu geben. Anfangs gab es nur Symbole, vor die allein die Gläubigen hintreten konnten: ein leerer Thron, ein Pferd ohne Reiter, ein Sonnenschirm, ein Rad, ein Fußabdruck, der Bodhibaum oder Stupas, Reliquiendenkmäler.

Die Ikonographie dieser Frühepoche hat stets nur Ereignisse aus dem Leben des Buddha vor der Erleuchtung oder Episoden aus den legendären früheren Existenzen des Vollendeten zum Gegenstand gehabt. Allerdings findet man schon in solch frühen Bildwerken Spuren eines Einflusses, der dann zum Bruch mit der Tradition der Nichtdarstellung des Buddha geführt hat. Es ist der Einfluß iranischer, parthischer, baktrischer und vor allem hellenistischer Elemente, der die berühmte gräko-indische Gandhāra-Kunst hervorgebracht hat, durch die dem Vollendeten fast westliche Züge verliehen wurden.

Nachdem der Bann gebrochen war und die Kunst sich des Buddhabildes angenommen hatte, befruchtete die Kunst ihrerseits die Lehre, indem die Skulpturen, Fresken und Gemälde eine tiefe Atmosphäre des Glaubens und der tätigen Nächstenliebe schufen. Eine Unmenge von Statuetten und Votivbildern, Souvenirs aus Heiligtümern und von Pilgerfahrten trugen in den folgenden Jahrhunderten dazu bei, die Lehre in ganz Indien zu verbreiten. Aber gleichzeitig wandelte sich dieses Bild. An die Stelle des Menschen Buddha trat der himmlische Abgesandte, dem göttliche Attribute beigegeben wurden. Bilder von Bodhisattvas entstanden, die nichts Irdisches mehr an sich hatten. Beide Richtungen, das Hīnāyāna wie das Mahāyāna, sahen in der Kunst ein Mittel, die Verinnerlichung zu fördern, und versprachen sich von der andächtigen Versenkung in ein Buddhabild ein Vergessen der Außenwelt.

Mit der Einführung des Tantrismus in die Lehre werden die Bilder sogar zu Trägern einer magischen Macht. Wer solch ein heiliges Bild besitzt, genießt den Schutz des Buddha oder des Bodhisattva und

Buddhakopf (Gandhāra-Stil, Indien, 6. Jh.)

erlangt Unverwundbarkeit, wer einem Buddhabild seine Verehrung erweist, gewinnt Geborgenheit.

Wie die Lehre ihre Wandlungen durchmachte, so auch die Kunst. Während die frühen Werke von einer naiven Naturalistik sind, erreicht die Kunst des Buddhismus unter den Guptakaisern eine hohe Vollendung und zeigt später die gleichen Auflösungserscheinungen wie die Lehre selbst. Die negative Einstellung, die die Lehre dem Körper entgegenbrachte, konnte die Kunst schon deshalb nicht teilen, weil sie sich damit selbst ad absurdum geführt hätte. So sind die

In laotischen Bildwerken wird der Kopfauswuchs zu einer Flamme. Dieser Buddha hält die Hände in der sogenannten Bhūmisparśa-Mudrā. (Bronze, Laos, 14. Jh.)

Bildwerke zwar nicht sinnlich-blutvoll, aber ebensowenig ätherisch-blaß. Die Buddhas und Bodhisattvas tragen später Bärte, gewellte Haare, und zeigen ausgeprägte Gesten. Wenn das Bildwerk aus der Gandhara-Schule von Mathurā oder Amarāvatī stammt, so ist es aus rotem oder grauem Sandstein, aus Marmor oder Bronze und strahlt Anmut und Abgeklärtheit zugleich aus.

In Kambodscha entwickelt sich nach einer Periode der künstlerischen Schwerfälligkeit und Härte der ausdrucksvolle und kultivierte Khmer-Stil. Die Buddhas haben ein fein modelliertes, ein wenig kantiges Gesicht, über dem ein unnennbares Lächeln liegt. Sie halten die Augen gesenkt, wodurch das Antlitz den Ausdruck der Gesammeltheit und zugleich eines zarten Mitleids erhält. Den Kopf überragt eine stufenförmige oder konisch zulaufende Tiara, in die oft ein Bild des Amitabha eingelassen ist. Die Spuren des langen schivaitischen

Chinesischer Buddha in der Lotosstellung (Padmāsana)

Interregnums zwischen dem frühen Buddhismus und dem im 10. Jahrhundert eingedrungenen Mahāyāna zeigen die Reliefs von Angkor Thom.

In Laos werden die Figuren unter Thai-Einfluß überlängt, eckig und wirken fast archaisch. Der Mund ist schmal, die Lippen bilden einen Halbkreis um die Nase. Die bekannte Schädelwölbung wird gekrönt von einem schlanken Aufsatz, in Siam von einer gewellten Flamme.

Der indische Nachgupta-Stil bestimmt die Reliefs am Stūpa von Borobudur auf Java. Wenn man an den Jākatas immer die Anmut und zugleich Zurückhaltung bewundert, mit der sie das Leben Buddhas schildern, so beweisen die javanischen Reliefs, daß sie ihrer literarischen Vorlage nicht nachstehen.

In China findet man in jeder Periode der buddhistischen Kunst eine vollendete Beherrschung des Raumes und der Form, die gleichwohl einer ungewöhnlichen Dynamik Raum läßt. Natürlich hat jede Dynastie in der Kunst ihre Spuren hinterlassen. Unter den Wei im 5. Jahrhundert verändert sich der gräko-buddhistische Stil, die Gesichter werden geheimnisvoll verschlossen, der Faltenwurf der Gewänder verdeckt die Körperkonturen. Die Souei-Kunst verleiht den Bildwerken eine pralle Fülle, die freilich noch etwas unbewegt wirkt, während sich unter den Tang die Formen auflockern und die Bilder der Gottheiten vermenschlicht werden. Jedes Bild hat einen individuellen Ausdruck, die Körperform gewinnt an Bedeutung, man bekommt ein Gefühl für die Wirkung von Licht und Schatten.

Zuweilen gefällt sich die chinesische Kunst in karikaturistischer Verspieltheit oder wird von einem martialischen Element überwuchert, das aus den Lokapālas, den himmlischen Welthütern, und Mahā-Vairocana muskelbepackte Krieger macht mit drohenden Gesichtern, die fürchterliche Waffen schwingen.

In Tibet hat ein rigoroser Kunstkanon die Kunst in konventionelle Schemen gepreßt, die über Jahrhunderte hinweg keine Veränderung der Typen zuließen. Die zahlreichen bengalisch oder persisch anmutenden Skulpturen und Bilder spiegeln den yoga-tantrischen Schwulst wider. Doch ist das manchmal Schreckliche dieser Bilder durch eine chinesische Zutat wohltuend gemildert: das geschmackvolle und in der Auswahl der Farben abgewogene Ausgestalten der Details und gewisser Nebenumstände. Das hebt oft sogar die Scheußlichkeit der Götterfratzen und Totenköpfe wieder auf, die die Szenerie beherrschen.

Kwanjin, der weibliche Avalokiteśvara Chinas, in der «Königshaltung» (Mahārājalilāsana)

Die Meditationsgebärde (Dhyānamudrā)

Die Gebärde der Diskussion (Vitarkamudrā)

Die Geste der «Zeugenanrufung» (Bhūmisparśamudrā)

Die Gebetsgeste (Anjalimudrā)

Die rechte Hand zeigt die Schutzgebärde, die linke die «Gebärde der Barmherzigkeit» (Varadamudrā)

Die Gebärde «Mystik des sechsten Elements»

Die Besonderheiten der Darstellung

Es gibt gewisse Merkmale, durch die sich die Dhyānibuddhas, Bodhisattvas und Mānushiabuddhas voneinander unterscheiden; das sind vor allem die Körperhaltung, die Handstellungen oder Mudrās, ihre Farbe und die Gegenstände, die sie bei sich führen. Anderseits stimmen alle Buddhabilder in einigen Dingen überein. Sie besitzen sämtlich die *Ūrnā*, eine kleine Wölbung zwischen den Augenbrauen, überlängte Ohrläppchen und einen merkwürdigen Kopfauswuchs, *Ushnīsha* genannt. In der gräko-buddhistischen Gandhāra-Kunst ist dieser *Ushnīsha* halbrund, in Kambodscha läuft er konisch, in Siam und bei gewissen bengalischen Gemälden spitz zu, während er in der Thai-Kunst die Form einer Flamme hat. Die Haare sind gewöhnlich zu einem Wulst zusammengefaßt oder liegen in kleinen Wellen am Kopf an. In der Regel umgibt die Buddhas und Bodhisattvas ein mehr oder weniger großer Strahlenkranz, zuweilen auch eine drei- oder fünfarmige Flamme. Sie sitzen auf einem Lotos, dessen Farbe je nach dem dazugehörigen Buddha oder Bodhisattva wechselt.

Der historische Buddha, Sākyamuni, nimmt gewöhnlich die sogenannte Lotoshaltung (*Padmāsana*) ein, er sitzt mit gekreuzten Beinen, wobei die Füße jeweils auf den Unterschenkeln des anderen Beines ruhen. Andere bekannte Stellungen sind die «Heldenhaltung» (*Vīrāsana*), wo der linke Unterschenkel unter dem rechten liegt, die Yogastellung (*Yogāsana*), die ähnlich ist, wobei jedoch die Knie ein wenig erhoben sind; in einer anderen Stellung, *Sukhāsana* oder *Lalitāsana* genannt, hängt ein Bein vom Sitz herab, während der Fuß des anderen Beines bei erhobenem Knie auf dem Sitz ruht. Bei der «Königshaltung» (*Mahārājalīlāsana*) ist ein Knie erhoben, das andere Bein ruht auf dem Sitz, mit dem Ellenbogen stützt sich der Buddha auf das erhobene Knie, mit der anderen Hand auf den Boden. Zuweilen steht der Vollendete aufrecht da, in Predigerhaltung oder in der klassischen Gebärde des Segnens.

Man kennt sechs Hauptgebärden der Hände, *Mudrās* genannt:

1. Die Geste der Meditation (*Dhyāna-* oder *Yogamudrā*), bei der die Hände entspannt auf den Knien liegen.

2. Die Gebärde der Diskussion (*Vitarkamudrā*), bei der die Rechte mit der Handfläche nach vorn erhoben ist, wobei der Zeigefinger entweder am Mittelfinger anliegt oder den Daumen berührt. Es ist die spezielle Geste des Vajradhara, «des Herrn der Geheimnisse» der Gelbmützen in Tibet.

3. Die Geste der Furchtabwendung (*Abhayamudrā*), die darin besteht, daß die Hand mit erhobenen Fingern und nach vorn gewandter Handfläche ausgestreckt wird.

4. Die Geste der Barmherzigkeit (*Varadamudrā*, linke Hand), bei der die Hand sanft mit dem Handrücken nach unten vorgestreckt wird.

5. Die Predigergebärde (*Dharmacakrumudrā*). Bei dieser Haltung sind die Hände vor der Brust erhoben. Sie scheinen das «Rad der Lehre» zu drehen, denn die eine zeigt mit der Handfläche zum Körper, die andere vom Körper weg, wobei die Daumen und Zeigefinger beider Hände einander in einem Punkt berühren.

6. Die Erleuchtungsgeste (*Bhūmisparśamudrā*). Hier berührt die rechte Hand mit der Handfläche den Boden, der gleichsam zum Zeugen der Erleuchtung genommen wird.

Neben diesen sechs gebräuchlichen *Mudrās* gibt es noch eine Reihe weiterer, von denen man noch die «Geste der Anbetung» (*An-*

Bei seiner Geburt soll der Buddha auf seinen Fußsohlen ein Bild des Rades der Lehre getragen haben. Die Ikonographie hat nach dieser Legende eine Vielzahl von Bildern geschaffen und den Gläubigen zur Verehrung dargeboten (Stein aus Angkor-Vat, Kambodscha, 12. Jh.)

jalimudrā) erwähnen müßte, bei welcher die Hände aneinander gefaltet vor der Brust gehalten werden, vielleicht auch noch die Gebärde «Mystik des sechsten Elements». Hier umschließen die Finger der rechten Hand den Zeigefinger der linken (den Ādibuddha, das «Sechste Element»). Es ist die Geste des Vairocana, sie symbolisiert die mystische Vereinigung des Geistes mit dem Universum.

Rad, Glocke, Vajra, Blitz und Flamme sind die fünf Attribute, an denen die Dhyānibuddhas zu unterscheiden sind, dazu kommen die Farben und die Reittiere (Löwe, Elefant, Pferd, Adler und Pfau), die die buddhistische Ikonographie vom Brahmanismus entlehnt hat, ebenso wie die Gänse, die den Thron des Vollendeten zuweilen tragen.

Endlich müssen noch einige Worte über den Lotos gesagt werden, der als eines der bekanntesten Symbole der Erleuchtung gilt. In stilisierter Form ziert er die Fußsohlen und Handflächen der Buddhas und Bodhisattvas und dient oft auch dem Vollendeten als Sitz. Der Lotos ist eine Wasserpflanze, deren reine Blüte sich nur auf der klaren Oberfläche des Wassers entfaltet und die deshalb zum Symbol der Reinheit wurde.

Es ließe sich natürlich noch vieles über die buddhistische Ikonographie sagen, über die elf Häupter des Avalokiteśvara beispielsweise, über die zahllosen Arme der Kwanjin oder Kwannon, über die mehrgesichtigen Buddhaköpfe auf gewissen Darstellungen, die seine Allmacht symbolisieren, über die seltsamen Lotosketten auf gewissen Bildern, bei denen jeder Lotos einen Buddha trägt, der wiederum einen Lotos mit einem Buddha hält, und so fort. Doch ging es uns hier nur darum, die großen Linien aufzuzeigen, einen Begriff von der wunderbaren Vielfalt und der Verknüpfung von Lehre und Kunstform zu geben.

ERKLÄRUNG EINIGER FREMDWÖRTER UND NAMEN

Abhidharma- (Abhidhamma-) Pitaka — Dritter Teil des Tripitaka, des heiligen Kanons, «Korb der Metaphysik».

Agni — Feuergott der vedischen und brahmanischen Religion.

Amitābha — Einer der fünf Meditations- oder Dhyānibuddhas, besonders in China und — als Amida — in Japan verehrt.

Ānanda — Vetter und Lieblingsjünger des Buddha.

Arhat — Heiliger.

Asanga — Begründer des Yogācāra.

Aśvaghośa — Mitbegründer des Mahāyāna.

Ātman — «Selbst» des Menschen, gleichsam Einzelseele im Gegensatz zur Weltseele, dem Brahman, im Brahmanismus.

Avalokiteśvara — Der bedeutendste Bodhisattva im Mahāyāna, dessen irdische Inkarnation der historische Buddha sein soll.

Bhagavadgītā — «Der Gesang des Erhabenen», berühmte religiöse Dichtung des Brahmanismus, dem Gott Vishnu geweiht, Teil des Epos Mahābhārata.

Bhakti — Gottesliebe.

Bodh Gayā — Ort in Bihar, wo der Buddha die Erleuchtung gefunden haben soll.

Bodhidharma — Eigentlicher Begründer des Buddhismus in China.

Bodhisattva — Anwärter auf die Buddhaschaft.

Brahmā — Einer der drei großen Götter des Hinduismus-Brahmanismus.

Brahman — Unpersönliches Weltgesetz, Weltseele im Brahmanismus.

Buddhaghosha — Buddhistischer Philosoph (5. Jh.).

Dharma — 1. Die buddhistische Lehre; 2. Letzte Einheiten, aus denen alles besteht, ständig fluktuierende Geistmonaden, Art Energiequanten.

Dhyānibuddhas — «Meditationsbuddhas», himmlische Buddhas, die nicht selbst auf Erden wirken.

Hiuan Tsang — Bekannter chinesischer Buddhist (602—664).

Kāśyapa — Schüler Buddhas.

Karma oder Karman — «Das Werk», Theorie, nach der in der Wiedergeburtsfolge die nächste Existenz von den «Werken» in der gegenwärtigen bestimmt wird.

Kshatriya — Angehöriger der Kriegerkaste, der zweithöchsten des brahmanischen Kastensystems.

Lama — Ordinierter Mönch des tibetischen Buddhismus, der auch «Lamaismus» genannt wird.

Mādhyamika — Die «Mittlere Lehre» des Nāgārjuna.

Maitreya — Der künftige Buddha.
Manjuśrī — Bekannter Bodhisattva.
Māra — Der Herr der buddhistischen Unterwelt, Versucher Buddhas.
Māyā — «Wunderkraft», bezeichnet die Irrealität, «Illusion» der Sinnenwelt.
Nāgārjuna — Buddhistischer Kirchenvater, Begründer der «Mittleren Lehre».
Nirvāna — «Verwehen, Verlöschen», Ziel der «Befreiung».
Padmasambhava — Mönch aus Kaschmir, der den tantrischen Buddhismus in Tibet einführte.
Prakriti — Das Urprinzip der Materie im brahmanischen Sāmkhya-System.
Purusha — Geistiges Prinzip im Sāmkhya, die Einzelseelen.
Śakti — «Energie, Kraft», die in Frauengestalt personifizierte Macht der indischen Götter.
Samādhi-Versenkung, letzte Stufe der Meditation.
Samsarā — Kreislauf der Wiedergeburten.
Sāmkhya — Eines der sechs orthodoxen philosophischen Systeme des Brahmanismus.
Skandhas — Die fünf Gruppen von Dharmas (s. dort), aus denen der Mensch besteht.
Stūpa — Reliquiendenkmal von z. T. gewaltigen Ausmaßen. Berühmt ist der Stūpa von Borobudur auf Java. In Tibet und Innerasien Tschorten genannt, sehr häufig.
Sūtra- (oder Sutta-) Pitaka — «Korb der Lehrreden», wichtigster Teil des buddhistischen Kanons.
Tantrismus — Magisch-religiöse Lehre, deren Texte die sogen. Tantras sind.
Vajra — «Donnerkeil», Gebetszepter der Lamas.
Vajrayāna — «Donnerkeil- oder Diamantfahrzeug», Bezeichnung des vom Tantrismus beeinflußten Buddhismus vor allem Tibets.

556 v. Chr.	Buddha geboren	6. Jh.	Griechische Naturphilosophen (Thales, Anaximander, Anaximenes, Pythagoras)
529	Der ‹große Auszug› (Tod Mahāvīras, des Gründers der Jaina-Religion)	535	Heraklit geboren
519	Buddhas Predigt in Benares	525	Aischylos geboren
		520	Tod Laotses
476	Tod Buddhas	479	Tod des Konfutse
473	Erstes buddhistisches Konzil in Rājagriha	470	Sokrates geboren
363	Zweites Konzil in Vaiśāli		
327—325	Alexanders Zug nach Indien	323	Ptolemäer in Ägypten
272	Thronbesteigung des Kaisers Aśoka		
253	Buddhismus durch Mahinda nach Ceylon	264—241	Erster punischer Krieg
		250	Bau der chinesischen Mauer
Um 200	Hīnayāna und Mahāyāna entstehen	Um 200	Plautus und Terentius
Um 50 n. Chr.	Buddhismus dringt in China ein	28 n. Chr.	Tod Christi
160	Nāgārjuna geboren	161—180	Marc Aurel
		205—270	Plotin
220	Ausbreitung des Buddhismus nach Vietnam		
372—390	Buddhismus kommt nach Korea	355	Hunnen in Rußland
		372	St. Martin von Tours
399—414	Reise des chines. Pilgers Fa-Hien nach Indien	410	Alarich in Rom
420—452	Buddhismus in Burma, Java, Sumatra. Niedergang der Lehre in Indien	430	Tod Augustins
		453	Tod Attilas
498—561	Bodhidharma in China. Eindringen der Lehre in Japan	529	Die Philosophenschulen in Athen geschlossen Monte Cassino als Benediktinerkloster gegründet
573	Große Buddhistenverfolgung in China	590—604	Gregor der Große
610	Buddhismus in Japan vorübergehend Staatsreligion	622	Mohammeds Hidschra von Mekka nach Medina

629	Hiuan Tsang reist nach Indien		
650	Erster Buddhistentempel in Tibet	719—754	Bonifatius
749	Padmasambhava gründet das erste Kloster in Tibet	782	Sachsenaufstand unter Widukind
900	Buddhistenverfolgung in Tibet, Verdrängung aus Zentralasien durch den Islam	862	Beginn des Russischen Reiches
		1122	Wormser Konkordat
1197	Moslems zerstören die buddhistische Universität von Nālandā: praktisches Erlöschen des Buddhismus in Indien	1190	Tod Barbarossas
		1198	Deutscher Orden gegründet
1340	Laos wird buddhistisch	1226	Dschingis Khans Tod
1407	Tsong Kha Pa gründet die Sekte der Gelbmützen in Tibet	1415	Johann Hus verbrannt
Um 1575	Mongolen bekehren sich zum Lamaismus	1546	Tod Luthers
		1558 bis 1603	Königin Elizabeth I. von England
1769	Schintoismus Staatsreligion in Japan, Buddhistenverfolgung	1773	Jesuitenorden vom deutschen Kaiser aufgehoben
1890	Buddhistisches Wiedererstarken in Japan		

ZEUGNISSE

Buddha und Buddhismus in Deutschland

Gottfried Wilhelm Leibniz

Die von den Quietisten sehr weitgetriebene Vernichtung unserer individuellen Eigentümlichkeit dürfte bei einigen verkleidete Gottlosigkeit sein: wie man von dem Quietismus des Fo [Buddha] berichtet, dem Stifter einer großen Sekte Chinas, der seine Religion 40 Jahre lang predigte, und als er sich dem Tode nahe fühlte, seinen Schülern erklärte, er habe ihnen die Wahrheit unter dem Schleier des Gleichnisses verborgen, und alles sei auf das Nichts als das erste Prinzip aller Dinge zurückzuführen. Das war, wie mir scheint, noch schlimmer als die Meinung der Averroisten. Beide Lehren sind unhaltbar, ja ungereimt.

Die Theodicee. 1710

Johann Gottfried Herder

Jedes Ding in der Natur, mithin auch die Philosophie des Buddha, ist gut und böse, nachdem sie gebraucht wird. Sie hat so hohe und schöne Gedanken, als sie auf der andern Seite Betrug und Trägheit erwecken und nähren kann, wie sie es auch reichlich getan hat. In keinem Lande blieb sie ganz dieselbe; allenthalben aber, wo sie ist, steht sie immer doch *eine* Stufe über dem rohen Heidentum, die erste Dämmerung einer reinern Sittenlehre, der erste Kindestraum einer weltumfassenden Wahrheit.

Ideen zur Philosophie der Geschichte der Menschheit. 1786

Immanuel Kant

Die Sekte des Fo glaubt die Seelenwanderung. Es ist eine Meinung unter ihnen, daß das Nichts der Ursprung und das Ende aller Dinge sei, daher eine Fühllosigkeit und Entsagung aller Arbeit auf einige Zeit gottselige Gedanken sind.

Physische Geographie. 1802

Georg Wilhelm Friedrich Hegel

Buddha, von dessen Dasein auf Erden ebenso extravagante Erzählungen vorkommen, wie sie bei den andern Indern beliebt sind, ist die vierte Inkarnation und als Gott zu verehren. Er ist zum Nirvāna gekommen, d. h. zur höchsten Abstraktion, wo er nichts mehr festhält, zur Seligkeit. Dieser Zustand ist mit dem Tode verbunden, und so heißt es auch, daß, wer in ihm sich befindet, Buddha geworden ist... In Tibet, nordöstlich vom Himālaya, ist diese Religion eigentlich zu Hause. Die Vorstellung ist, daß der Buddha sich hier lebendig inkarniert habe. Das Nähere ist indische Verwirrung.

Vorlesungen über die Philosophie der Geschichte. 1822

Friedrich Schlegel

Der Name Buddha, welchen die Chinesen in Fo verwandelt oder abgekürzt haben, ist mehr nur eine Ehrenbezeichnung in Hinsicht auf die göttliche Weisheit, mit welcher der Stifter der Sekte, nach der Meinung seiner Anhänger, begabt war, oder die vielmehr nach ihrem Glauben in ihm sichtbar geworden und persönlich erschienen ist; und wird er von Mehreren sechshundert Jahre vor unserer Zeitrechnung, von Andern tausend Jahre vor derselben angesetzt. Sein eigentlicher persönlicher und historischer Name war Gautama, und denselben Namen führt auch der Urheber eines der vornehmsten ihrer verschiedenen philosophischen Systeme, der Nyāya-Philosophie.

Philosophie der Geschichte. 1828

Arthur Schopenhauer

Zur Geduld im Leben und dem gelassenen Ertragen der Übel und der Menschen kann nichts tauglicher sein, als eine Buddhaistische Erinnerung dieser Art: «Dies ist Sansara: die Welt des Gelüstes und Verlangens, und daher die Welt der Geburt, der Krankheit, des Alterns und Sterbens: es ist die Welt, welche nicht sein sollte. Und Dies hier ist die Bevölkerung der Sansara. Was also könnt ihr Besseres erwarten?» Ich möchte vorschreiben, daß Jeder sich Dies täglich vier Mal mit Bewußtsein der Sache wiederholte... Ein glückliches Leben ist unmöglich: das höchste, was der Mensch erlangen kann, ist ein heroischer Lebenslauf. Einen solchen führt Der, welcher, in irgendeiner Art und Angelegenheit, für das Allen irgendwie zu Gute Kommende, mit übergroßen Schwierigkeiten kämpft und am Ende siegt, dabei aber schlecht oder gar nicht belohnt wird. Dann bleibt er, am Schluß, wie der Prinz im Re corvo des Gozzi, versteinert, aber in edler Stellung und mit großmütiger Gebärde stehn. Sein Andenken bleibt und wird als das eines Heros gefeiert; sein Wille, durch Mühe und Arbeit, schlechten Erfolg und Undank der Welt, ein ganzes Leben hindurch, mortifiziert, erlischt in der Nirvana...

Ihr spottet über die Aeonen und Kalpas des Buddhaismus! — Das Christentum freilich hat einen Standpunkt eingenommen, von dem aus es eine Spanne Zeit überblickt; der Buddhaismus eine, von dem aus die Unendlichkeit in Zeit und Raum sich ihm darstellt und sein Thema wird... Die Brahmanistischen Dogmen und Distinktionen... sind im Grunde bloß mythologische Fiktionen,... daher eben Buddha sie hat fallenlassen und nichts kennt als Sansara und Nirvana.

Parerga und Paralipomena. 1851

FRIEDRICH NIETZSCHE

Der Buddhismus ist hundertmal realistischer als das Christentum, — er hat die Erbschaft des objektiven und kühlen Probleme-Stellens im Leibe, er kommt *nach* einer Hunderte von Jahren dauernden philosophischen Bewegung; der Begriff Gott ist bereits abgetan, als er kommt. Der Buddhismus ist die einzige eigentliche positivistische Religion, die uns die Geschichte zeigt, auch noch in seiner Erkenntnistheorie, er sagt nicht mehr «Kampf gegen die Sünde», sondern, ganz der Wirklichkeit das Recht gebend «Kampf gegen das Leiden». Er hat — dies unterscheidet ihn tief vom Christentum — die Selbstbetrügerei der Moralbegriffe bereits hinter sich — er steht, in meiner Sprache geredet, jenseits von Gut und Böse.

Der Antichrist. 1888

KARL EUGEN NEUMANN

Gotamo Buddho hat seine Vorgänger gehabt, die Philosophie der Upanischaden war für ihn das, was für Schopenhauer Kant war, und er hat von ihnen ebensoviel und ebensowenig gelernt und aufgenommen, wie etwa Shakespeare oder Richard Wagner von ihren Vorgängern: diese anschauliche Welt war *sein* Lehrbuch, wie das Schopenhauers und jedes ächten Künstlers; was er gesehn und erkannt hat, das hat er verkündet, nicht für Kinder und Thoren, sondern für die wenigen Einsichtigen, für Jeden, der sein Jünger im Geiste und der That ist.

Buddhistische Anthologie. 1892

PAUL DEUSSEN

Alle metaphysischen Erörterungen, an denen die Upanishad's so reich sind, lehnt Buddha ab, den im Veda durch die Jahrhunderte aufgehäuften Schatz der Weisheit läßt er beiseite liegen, gründet sich nur auf die eigene persönliche Erfahrung, und diese Verachtung der historischen Überlieferung ist es, welche seinen Reden den Charakter der Einförmigkeit und Dürftigkeit aufprägt.

Allgemeine Geschichte der Philosophie. 1908

Georg Grimm

Es trifft sich, daß die Lehre dieses Mannes, den viele den Größten der Arier und damit den Größten aller Menschen nennen, gerade jetzt zu uns Europäern herüberdringt, wo wir sehnsüchtig nach einer Lehre Ausschau halten, die uns einerseits den Kernpunkt aller Religionen und aller Metaphysik rein und ungemischt darbietet und andererseits seine Lösung nach der Methode der exakten Naturwissenschaften, nämlich auf dem Wege des eigenen Experiments, verbürgt. Es ist die Lehre Gotamos, des Buddho, des Erwachten, der Gipfelpunkt indischer Weisheit. Ist es da zu verwundern, wenn alle, die an der großen Frage des im Tode kulminierenden Leidens nicht gleichgültig vorübergehen und die dabei als Kinder einer wissenshungrigen Zeit auch nicht mehr glauben können, sondern wissen wollen, sich mehr und mehr auch bei uns um diese Lehre zu scharen anfangen und dieselbe für sie den Thron der nicht mehr befriedigenden Religionen einzunehmen beginnt?

Die Lehre des Buddha. 1915

Alfred Kubin

Eine alte, wie dämonische Lust nach Verwirrung, die mich zwang, heimlich nach allen Seiten zu spähen und die meine gefundenen bejahenden Grundsätze unterwühlte, gab meinen Tagen eine schwermütige Unruhe... Ich las in jenen Tagen gerade das sehr eindringlich abgefaßte Werk über die Lehre Buddhas von Georg Grimm. Meine seelische Erschütterung stürzte sich nun, lawinenartig anwachsend, auf das Nächste, auf den Buddhismus. In wenigen Stunden belebte sich mir diese alte Lehre so unerhört plastisch, so hinreißend, daß mir alles Übrige wirklich der «Schleier der Maja» wurde, mein Denken und Schaffen zum Wissenswahn, mein Leben zum Daseinswahn. Ich zog mich von meiner Umgebung... zurück, brach allen Briefwechsel... ab und machte einige letzte Verfügungen über meinen Besitz, der mir wie meine Kunst ganz gleichgültig, fremd geworden war.

Aus meinem Leben: Buddhistische Krise. 1915

Max Scheler

Niemals — solange ich Buddha für einen der tiefsten Geister der Menschheit halte und nicht für einen Querkopf und bloßen Entrüstungspessimisten à la Schopenhauer — kann ich mich dazu verstehen, den Kern dieses «Leidens»-Gedankens gleichzusetzen dem Leid-Schmerz-Unlusthaben; obzwar nicht zu leugnen ist, daß an erster Stelle es auch positive Unlust, Schmerz, Leid, Grauen, Furcht erwekkende Erscheinungen sind, die als Beispiele und Zeugnisse dafür, daß die Welt Leiden ist, herangezogen werden. Aber der Kern dieses Leidensgedankens ist weit formaler; er geht auch über das innere Erlebnis des Menschen weit hinaus... Er umfaßt des Menschen Vergewaltigung durch daseinsautonome und eine eigene gegenseitige kausale Bedingtheit voneinander aufweisende Gestalten und Dinge überhaupt. Es ist «Leiden» mehr als Gegensatz zu «Tätigkeit» und «Wirken», als im Gegensatz zur Lust.

Vom Sinn des Leides. 1916

Hermann Graf Keyserling

Buddha-Gaya ist für mein Gefühl der heiligste Ort der ganzen Erde. Jesu Lehre war tiefer als diejenige Gautamas, aber ein so überlegener Mensch, wie der Buddha, war er nicht. Er war eine jener Sonnennaturen, wie sie hier und da von ungefähr auf der dunklen Erde erstehen, ein Sonntagskind, über das der Geist als ein reines Geschenk gekommen war, der für Menschenbegriffe nichts dafür konnte, was und wer er war. Er war wirklich ein Gott unter Menschen. Allein der geborene Gott bedeutet weniger für uns als der Mensch, der sich zur Gottheit emporrang und ein solcher ist Buddha gewesen.

Das Reisetagebuch eines Philosophen. 1919

Hugo von Hofmannsthal

Die Reden des Buddho sind, gemessen an allem Abendländischen, ein völlig Anderes; und als abendländisch erscheinen im Vergleich mit ihnen auch noch die Evangelien... Sie sind... schattenlos wie eine durchsichtige Materie; das Undurchsichtige, das andererseits wieder das Spiegelnde ist, und alle die Reflexe, die abendländischem Geistigen seinen Reichtum geben, das kommt darin nicht vor. Jede Person, die in ihnen hervortritt, scheint jede andere Person zu durchschauen. Ja jedes einzelne Gebilde, das in ihnen erwähnt wird, durchschaut jedes andere Gebilde. Sie sind dabei höchst ungeschminkt, nüchtern, gleichsam farblos. Die geistige Kraft, die sich in ihnen äußert und so in der ersten wie in der letzten Zeile, ist nur mit der Kraft des Elefanten zu vergleichen; aber sie sind ganz ohne pathetische Anspannung. Sie sind Alles umfassend, aber nicht aufregend. Sie sind zeitlos, haben keine Eile, vorzudringen; und in dieser Verschmähung der Zeit offenbaren sie sich. Ihr Inhalt ist ein einziger Gedanke. Die Tonart ist Dur, so hell gehalten und geistig heiter, wie nie ein Ton die europäische Seele getroffen hat.

K. E. Neumanns Übertragung der buddhistischen heiligen Schriften. 1921

Hermann Hesse

Sprach Siddhartha: «Eines, o Ehrwürdigster, habe ich an deiner Lehre vor allem bewundert. Alles in deiner Lehre ist vollkommen klar, ist bewiesen; als eine vollkommene, als eine nie und nirgends unterbrochene Kette zeigst du die Welt, als eine ewige Kette, gefügt aus Ursachen und Wirkungen. Niemals ist dies so klar gesehen, nie so unwiderleglich dargestellt worden; höher wahrlich muß jedem Brahmanen das Herz im Leibe schlagen, wenn er, durch deine Lehre hindurch, die Welt erblickt als vollkommenen Zusammenhang, lückenlos, klar wie ein Kristall, nicht vom Zufall abhängig, nicht von Göttern abhängig. Ob sie gut oder böse, ob das Leben in ihr Leid oder Freude sei, möge dahingestellt bleiben, es mag vielleicht sein, daß dies nicht wesentlich ist — aber die Einheit der Welt, der Zusammenhang alles Geschehens, das Umschlossensein alles Großen und Kleinen vom selben Strome, vom selben Gesetz der Ursachen, des Werdens und des Sterbens, dies leuchtet hell aus deiner erhabenen Lehre, o Vollendeter.» *Siddhartha. 1922*

Albert Schweitzer

In der Welt- und Lebensverneinung, der er ergeben ist, wahrt sich Buddha ein Stück Natürlichkeit. Dies ist das Große an ihm. Indem er die Strenge der Weltentsagung mildert, macht er der Welt- und Lebensbejahung ein neues und großes Zugeständnis... In der menschlich so großen Persönlichkeit Buddhas ist die Ethik etwas so Starkes und Lebendiges, daß sie in der Welt- und Lebensverneinung eigentlich keinen Platz mehr hat. Aber sie lehnt sich nicht gegen sie auf und sprengt sie nicht, sondern geht, wie es sich von selber ergibt, über sie hinaus, wie gestaute Wasser an der und jener Stelle den Damm überfließen.

Die Weltanschauung der indischen Denker. 1935

HEINRICH ZIMMER

Wie jeder indische Heilige von einigem Rang wurde Gautama schon während seiner Lebenszeit als menschliches Fahrzeug der Absoluten Wahrheit verehrt. Nach seinem Hinscheiden wurde die Erinnerung an ihn mit der gewöhnlichen mythischen Ausstattung umkleidet. Und als die buddhistische Sekte sich ausdehnte... wurde ihr großer Gründer immer weniger und weniger ausschließlich als ein zu befolgendes Beispiel angesehen. Denn wie kann ein Laie den Asketen nachahmen und zu gleicher Zeit seine Familienpflichten erfüllen? So wurde der Buddha immer mehr ein Sinnbild, das zu verehren war – ein Sinnbild der befreienden Kraft der Erleuchtung, die in jedem in Täuschung verstrickten Wesen ruht.

Mythen und Symbole in indischer Kunst und Kultur. 1942

HELMUTH VON GLASENAPP

Dem universalen Charakter der buddhistischen Ethik entsprechend finden ihre Vorschriften gleicherweise auf alle Menschen Anwendung; sie verlieren ihre Geltung nicht gegenüber den Angehörigen anderer Völker, anderer Glaubensformen oder niederer sozialer Schichten, wie diejenigen Religionen lehren, welche dem Fremden, dem Heiden, dem Ketzer und dem Sklaven gegenüber keine oder nur herabgeminderte sittliche Pflichten anerkennen. Da der Buddhismus nicht an die Ewigkeit eines Volkes, einer Kirche oder einer Gesellschaftsordnung glaubt, sondern in ihnen nur Verbände von Einzelwesen sieht, die nur vorübergehenden Bestand haben, sind sie für ihn gleichsam nur Zusammenballungen von Hölzern, die im Strom der Zeit gemeinsam eine Wegstrecke zurücklegen...

Die Weisheit des Buddha. 1946

KARL JASPERS

Daß der Lebensweg Buddhas möglich war und wirklich wurde, und daß in Asien bis heute noch hier und da ein buddhistisches Leben wirklich ist, das ist eine große Tatsache. Das Wissen darum zeigt die Fragwürdigkeit des Menschseins. Der Mensch ist nicht, was er nun einmal ist, sondern er ist offen. Er kennt nicht eine Lösung, nicht eine Verwirklichung als die allein richtige.

Buddha ist die Verwirklichung eines Menschseins, das in der Welt in bezug auf die Welt keine Aufgaben anerkennt, sondern in der Welt die Welt verläßt. Er kämpft nicht, er widersteht nicht. Es will nur als dies durch Nichtwissen gewordene Dasein erlöschen, aber es will so radikal erlöschen, daß es sich nicht einmal nach dem Tode sehnt, weil es über Leben und Tod hinaus eine Stätte der Ewigkeit gefunden hat.

Mag aus dem Abendlande entgegenschwingen, was analog scheint, die Gelassenheit, die Weltfreiheit der Mystik, das Nichtwiderstehen dem Bösen bei Jesus: im Abendland war Ansatz oder Moment, was in Asien zum Ganzen und damit ganz anders wurde.

Die großen Philosophen. 1957

Entweder so – oder so . . .

... Wo die Alternative so geringe Dinge wie das Geld betrifft — sparen oder ausgeben —, sollte für eine Entscheidung eigentlich die praktische Erfahrung ausreichen.

Man braucht weder die Sparsamkeit als eine Tugend hochzuloben, noch den Sparer als ein Muster rechtschaffener Strebsamkeit zu etikettieren. Wer spart, handelt nämlich zuerst egoistisch. Aber: «Indem der Sparer an sich denkt, hilft er dem Nächsten, dem Nachbarn», sagt Theodor Heuss. Altruistischer Egoismus also!

Schon lange (seit dem 13. Jahrhundert etwa) hat deshalb der Zins seinen höllischen Ruf verloren. Lukas 6, Vers 35 — «Leihet, daß ihr nichts dafür hoffet» — galt nur dem Wucherer.

BIBLIOGRAPHIE

Es braucht wohl nicht einleitend betont zu werden, daß es sich bei der Unermeßlichkeit der Buddhismus-Literatur, vergleichbar mit derjenigen des Schrifttums über das Christentum, in dieser Bibliographie nur um einen bescheidenen Versuch handeln kann, dem deutschen Leser die wichtigsten Einführungen und Texte zu nennen.

1. Bibliographien und wissenschaftliche Hilfsmittel

Regamey, Constantin: Buddhistische Philosophie. Bern 1950. (Bibliographische Einführungen in das Studium der Philosophie. 20/21.)

Bibliographie bouddhique. Ed par Marcelle Lalou et Jean Przyluski. Vol. 1 ff. Paris 1928 ff

Held, Hans Ludwig: Deutsche Bibliographie des Buddhismus. München, Leipzig 1916

March, Arthur Charles: Buddhist Bibliography. London 1935. — Verzeichnet nur englische Arbeiten

Rosenberg, Otto: Introduction to the study of Buddhism. 2 vols. Tokyo 1916—1918. Bd. 1: Vokabular. Bd. 2: Probleme der buddhistischen Philosophie (deutsch. Heidelberg 1924)

Soothill, William Edward, and Lewis Hodous: A dictionary of Chinese buddhist terms, with Sanskrit and English equivalents and a Sanskrit-Pali index. London 1937

Nyanatiloka: Buddhistisches Wörterbuch. Kurzgefaßtes Handbuch der buddhistischen Lehren und Begriffe. Konstanz 1954. (Buddhistische Handbibliothek. 3.)

2. Texte in deutscher Übersetzung

a. Anthologien

Buddhistische Anthologie. Texte aus dem Pali-Kanon zum ersten Mal übers. von Karl Eugen Neumann. Leiden 1892

Das Leben des Buddha. Eine Zusammenstellung alter Berichte aus den kanonischen Schriften der südlichen Buddhisten. Aus dem Pali übers. und erl. von Julius Dutoit. Leipzig 1906

Pali-Buddhismus in Übersetzungen. Aus dem Pali übers. mit Erläuterungen von Karl Seidenstücker. München 1911. — 2. Aufl. 1923

Buddha. Auswahl aus dem Pali-Kanon. Durch Paul Dahlke neu übertr. Berlin 1922

Reden des Buddha. Lehre, Verse, Erzählungen. Hg. von Hermann Oldenberg. München 1922

Winternitz, Moritz: Der ältere Buddhismus nach Texten des Tipitaka. Tübingen 1929. (Religionsgeschichtliches Lesebuch. 11.)

Die Legende vom Leben des Buddha. In Auszügen aus dem Sanskrit, Pali, Chinesischen übers. von Ernst Waldschmidt. Berlin 1929
Gedanken von Buddha. Ausgew., übers. und erl. von Helmuth von Glasenapp. Berlin, Zürich 1942
Buddha. Worte der Vollendung. Eine Auswahl aus dem Gesamtwerk. Hg. von Wolfgang Kraus. Wien, Stuttgart 1952
Das Wort des Buddha. Eine systematische Übersicht der Lehre des Buddha in seinen eigenen Worten. Ausgew., übers. und erl. von Nyanatiloka. 3. Aufl. Konstanz 1953. (Buddhistische Handbibliothek. 1.)
Buddhistische Geisteswelt. Vom historischen Buddha zum Lamaismus. Texte ausgew. und eingel. von Gustav Mensching. Darmstadt 1955
Der Pfad zur Erleuchtung. Grundtexte der buddhistischen Heilslehre. In deutscher Übers. von Helmuth von Glasenapp. Düsseldorf 1956

b. Pāli-Kanon

Die Reden Gotamo Buddhos aus der längeren Sammlung Dīghanikāyo des Pāli-Kanons. 4 Bde. München 1907—1928
Dīghanikāyā. Das Buch der langen Texte des buddhistischen Kanons. In Auswahl übertr. von R. Otto Franke. Göttingen, Leipzig 1913
Die letzten Tage Gotamo Buddhos. Aus dem großen Verhör über die Erlösung Mahāparinibbāna-suttam des Pāli-Kanons. München 1911. — 2. Aufl. 1923
Die Reden Gotamo Buddhos aus der Mittleren Sammlung Majjhimanikāyo des Pāli-Kanons. Zum erstenmal übers. von Karl Eugen Neumann. 3 Bde. Leipzig 1896—1902. — 3. Aufl. München 1922
Samyutta-Nikāya. Die in Gruppen geordnete Sammlung aus dem Pāli-Kanon der Buddhisten. Deutsch von Wilhelm Geiger. 2 Bde. München 1925—1930
Die Reden des Buddha aus der ‹Angereihten Sammlung› Anguttara Nikāya des Pāli-Kanons. Aus dem Pāli zum erstenmal übers. und erl. von Nyanatiloka. 5 Bde. Breslau 1911—1922
Khuddaka-Pātha. Eine kanonische Schrift aus dem Pāli übers. von Karl Seidenstücker. Breslau 1910
Der Wahrheitspfad. Dhammapadam. Ein buddhistisches Denkmal. Aus dem Pāli übers. von Karl Eugen Neumann. München 1893. — 2. Aufl. 1921
Dhamma-Worte. Dhammapada des südbuddhistischen Kanons. Verdeutscht von R. Otto Franke. Jena 1923
Udāna. Eine kanonische Schrift des Pāli-Buddhismus. Übers. von Karl Seidenstücker. 2 Bde. Breslau 1913—1920
Itivuttaka. Eine kanonische Schrift des Pāli-Buddhismus. Übers. von Karl Seidenstücker. Leipzig 1922
Die Reden Gotamo Buddhos aus der Sammlung der Bruchstücke Suttanipāto des Pāli-Kanons. München 1905. — 2. Aufl. 1911
Sutta-Nipāta. Früh-buddhistische Lehr-Dichtungen aus dem Pāli-Kanon. Übers., eingel. und erl. von Nyanaponika. Konstanz 1955. (Buddhistische Handbibliothek. 6.)

Die Lieder der Mönche und Nonnen Gotamo Buddhos. Aus dem Theragāthā und Therīgāthā zum erstenmal übers. von Karl Eugen Neumann. Berlin 1899. — 2. Aufl. München 1924

c. Nicht-kanonische Pāli-Zeugnisse

Visuddhi-magga oder Der Weg zur Reinheit. Die größte und älteste systematische Darstellung des Buddhismus. Zum ersten Male aus dem Pāli übers. von Nyanatiloka. München 1931. — 2. Aufl. Konstanz 1952

Die Fragen des Königs Menandros. Aus dem Pāli zum ersten Male ins Deutsche übertr. von Otto Schrader. Berlin 1905

Die Fragen des Milindo. Aus dem Pāli vollständig ins Deutsche übers. von Nyanatiloka. München 1924

d. Mahāyāna-Zeugnisse

Winternitz, Moritz: Der Mahāyāna-Buddhismus. Nach Sanskrit- und Prakrittexten. Tübingen 1930. (Religionsgeschichtliches Lesebuch. 15.)

Prajnā Pāramitā. Die Vollkommenheit der Erkenntnis. Nach indischen, tibetischen und chinesischen Quellen von Max Walleser. Göttingen 1914. (Quellen der Religionsgeschichte. 8.)

Schulemann, Günther: Die Botschaft des Buddha vom Lotos des Guten Gesetzes. Freiburg 1937

Die mittlere Lehre des Nāgārjuna. Nach der tibetischen Version übertr. von Max Walleser. Heidelberg 1911

Die mittlere Lehre des Nāgārjuna. Nach der chinesischen Version übertr. von Max Walleser. Heidelberg 1912

3. Leben und Werk des Buddha

Rhys Davids, T. W.: Buddhism. London 1880. — Deutsch von Arthur Pfungst. Leipzig 1899. (Reclams Universal-Bibliothek. 3941/42.)

Oldenberg, Hermann: Buddha. Sein Leben, seine Lehre, seine Gemeinde. Berlin 1881. — 12. Aufl. Stuttgart 1923

Pischel, Richard: Leben und Lehre des Buddha. Leipzig 1906. (Aus Natur und Geisteswelt. 109.)

Grimm, Georg: Die Lehre des Buddha. München 1915. — 3. Aufl. 1918

Beckh, Hermann: Buddhismus. (Buddha und seine Lehre.) 2 Bdchen. Leipzig 1919—1920. (Sammlung Göschen. 174. 770.) — 3. Aufl. 1928

Schmidt, Kurt: Buddha, die Erlösung vom Leiden. München 1921. — 3. Aufl. u. d. T.: Buddhas Lehre. Kreuzlingen 1947

Hillebrandt, Alfred: Buddhas Leben und Lehre. Berlin 1925 (Wege zum Wissen.)

Thomas, E. J.: The life of Buddha as legend and history. London 1927

WEITBRECHT, WOLFGANG: Die Religion des Buddha. Zürich 1936
SCHULEMANN, GÜNTHER: Die Botschaft des Buddha. Freiburg i. B. 1937
GLASENAPP, HELMUTH VON: Die Weisheit des Buddha. Baden-Baden 1946
LADNER, MAX: Gotamo Buddha. Sein Werden, seine Lehre, seine Gemeinde. Dargestellt an Hand des Pali-Kanons. Zürich 1948
FOUCHER, ALFRED: La vie du Boudha d'après les textes et les monuments de l'Inde. Paris 1949
GLASENAPP, HELMUTH VON: Buddha. Geschichte und Legende. Zürich 1950. (Die kleinen Bücher der Arche. 114/115.)

4. Der Buddhismus und seine Entwicklung

a. Gesamtdarstellungen

KOEPPEN, CARL FRIEDRICH: Die Religion des Buddha und ihre Entstehung. 2 Bde. Berlin 1857—1859. — 2. Aufl. 1906
KERN, HEINRICH: Der Buddhismus und seine Geschichte in Indien. 2 Bde. Leipzig 1882—1884
HARDY, EDMUND: Der Buddhismus nach älteren Pali-Quellen. Münster 1890. — Neuausgabe von R. SCHMIDT. 1919. — 3. Aufl. 1926
KERN, HEINRICH: Manuel of Indian Buddhism. Straßburg 1896. (Grundriß der indo-arischen Philologie. III, 8.)
HACKMANN, HEINRICH: Der Buddhismus. 3 Teile. Tübingen 1906. — 2. Aufl. 1917
LA VALLÉE POUSSIN, LOUIS DE: Buddhisme. Opinions sur l'histoire de la dogmatique. Paris 1909. — 4. Aufl. 1925
LEHMANN, EDWARD: Der Buddhismus als indische Sekte, als Weltreligion. Tübingen 1911
GRIMM, GEORG, und HANS MUCH: Buddhistische Weisheit. 2 Bde. München 1918
LA VALLÉE POUSSIN, LOUIS DE: Le dogme et la philosophie du Bouddhisme. Paris 1930
WITTE, JOHANNES: Buddhismus in Geschichte und Gegenwart. Leipzig 1930. (Wissen und Bildung. 268.)
PRZYLUSKI, JEAN: Le Bouddhisme. Paris 1932
RHYS DAVIDS, C. A. F.: A manual of Buddhism for advanced students. London 1932
RHYS DAVIDS, C. A. F.: Outlines of Buddhism. London 1934
GLASENAPP, HELMUTH VON: Der Buddhismus in Indien und im Fernen Osten. Schicksale und Lebensformen einer Erlösungsreligion. Berlin, Zürich 1936
SCHUMANN, HANS WOLFGANG: Die Religion der Wirklichkeit. Einführung in den ursprünglichen Buddhismus. Düsseldorf 1950
LUBAC, HENRI DE: Aspects du Bouddhisme. Paris 1951
CONZE, EDWARD: Der Buddhismus. Wesen und Entwicklung. Stuttgart 1953. (Urban-Bücher. 5.)

Deussen, Paul: Allgemeine Geschichte der Philosophie mit bes. Berücksichtigung der Religionen. Bd. 1, Abt. 3: Die nachvedische Philosophie der Inder. Leipzig 1908. — 2. Aufl. 1914

Walleser, Max: Die buddhistische Philosophie in ihrer geschichtlichen Entwicklung. 4 Teile. Heidelberg 1904—1927

Grousset, René: Histoire de la philosophie orientale. (Inde, Chine, Japon.) Paris 1923

Mason-Oursel, Pierre: Esquisse d'une histoire de la philosophie indienne. Paris 1923

Radhakrishnan, S.: Indian philosophy. 2 vols. London 1923—1927. — Deutsch u. d. T.: Indische Philosophie. 2 Bde. Darmstadt, Baden-Baden, Genf 1956

Jacobi, Hermann: Die Entwicklung der Gottesidee bei den Indern. Bonn 1923. (Geistesströmungen des Ostens. 1.)

Strauss, Otto: Indische Philosophie. München 1925

Grousset, René: Les philosophies indiennes. Les systèmes. 2 vols. Paris 1931

Thomas, E. J.: The history of Buddhist thought. London 1933

Schweitzer, Albert: Die Weltanschauung der indischen Denker. Mystik und Ethik. München, Bern 1935

Glasenapp, Helmuth von: Entwicklungsstufen des indischen Denkens. Untersuchungen über die Philosophie der Brahmanen und Buddhisten. Halle 1940

Abegg, Emil: Indische Psychologie. Zürich 1945

Glasenapp, Helmuth von: Die Philosophie der Inder. Einführung in ihre Geschichte und ihre Lehren. Stuttgart 1949. (Kröners Taschenausgabe. 195.)

b. Einzelprobleme

Heiler, Friedrich: Die buddhistische Versenkung. München 1918. — 2. Aufl. 1922

Stcherbatsky, Theodor: Erkenntnistheorie und Logik nach der Lehre der späteren Buddhisten. Aus dem Russischen übers. München 1924

Stcherbatsky, Theodor: The conception of Buddhist Nirvāna. Leningrad 1927

La Vallée Poussin, Louis de: La morale bouddhique. Paris 1927

Stcherbatsky, Theodor: Buddhist Logic. Leningrad 1930—1932

Glasenapp, Helmuth von: Unsterblichkeit und Erlösung in den indischen Religionen. Halle 1938

Günther, Herbert: Das Seelenproblem im älteren Buddhismus. Konstanz 1949

Oldenberg, Hermann: Die Lehre der Upanishaden und die Anfänge des Buddhismus. Göttingen 1915

Winternitz, Moritz: Geschichte der indischen Literatur. Bd. 2, 1: Die buddhistische Literatur. Leipzig 1913. (Die Literaturen des Ostens. IX; 2, 1.)

Glasenapp, Helmuth von: Die Literaturen Indiens von ihren Anfängen bis zur Gegenwart. Potsdam 1929. (Handbuch der Literaturwissenschaft.)

DAHLKE, PAUL: Über den Pali-Kanon. Einführung in die buddhistischen Urschriften. Berlin 1919
SEIDENSTÜCKER, KARL: Süd-buddhistische Studien. Hamburg 1916
SUZUKI, DAISETZ TEITARO: Outlines of Mahāyāna Buddhism. London 1907
MACGOVERN, W. M.: Introduction to Mahāyāna Buddhism. London 1922
GLASENAPP, HELMUTH VON: Buddhistische Mysterien. Die geheimen Lehren und Riten des Diamant-Fahrzeugs. Stuttgart 1940

GRÜNWEDEL, ALBERT: Buddhistische Kunst in Indien. Berlin 1900. — 2. Aufl. 1932
COHN, WILLIAM: Buddha in der Kunst des Ostens. Leipzig 1925
FISCHER, OTTO: Die Kunst Indiens, Chinas und Japans. Berlin 1928. (Handbuch der Kunstwissenschaft.)
GLASENAPP, HELMUTH VON: Heilige Stätten Indiens. Die Wallfahrtsorte der Hindus, Jainas und Buddhisten. Ihre Legenden und ihr Kultus. München 1928
HÜRLIMANN, MARTIN: Indien. Berlin 1928
MENSCHING, GUSTAV: Buddhistische Symbolik. Gotha 1929
WAUCHOPE, R. S.: The Buddhist cave temples of India. Calcutta 1933

c. Ausbreitung des Buddhismus

SAUNDERS, KENNETH JAMES: Epochs in Buddhist history. Chicago 1924
PRATT, JAMES BISSETT: The pilgrimage of Buddhism and a Buddhist pilgrimage. New York 1928
HAMILTON, CHARLES HADLEY: Buddhism in India, Ceylon, China and Japan. Chicago 1930
BU-STON: History of Buddhism. Transl. from Tibetan by E. OBERMILLER. 2 Bde. Heidelberg 1931—1932
WADDELL, C. AUSTINE: The Buddhism of Tibet or Lamaism. London 1895
SCHULEMANN, GÜNTHER: Die Geschichte der Dalai Lamas. Heidelberg 1911. — 2. Aufl. Leipzig 1958
TUCCI, GIUSEPPE: Tibetan painted scrolls. 3 vols. Roma 1949
HUTH, GEORG: Geschichte des Buddhismus in der Mongolei. 2 Bde. Straßburg 1896
WIEGER, L.: Bouddhisme chinois. 2 vols. Ho-kien-fou 1910—1913
GUNDERT, WILHELM: Japanische Religionsgeschichte. Stuttgart 1935
SUZUKI, DAISETZ TEITARO: An introduction to Zen Buddhism. Kyoto 1934. — Deutsch u. d. T.: Die große Befreiung. Einführung in den Zen-Buddhismus. Geleitwort von C. G. JUNG. Leipzig 1939. — 3. Aufl. Konstanz 1947
HAAS, HANS: Bibliographie zur Frage nach den Wechselbeziehungen zwischen Buddhismus und Christentum. Leipzig 1922
GRIMM, GEORG: Buddha und Christus. Leipzig 1928
SCHOMERUS, HILKO WIARDO: Buddha und Christus. Halle 1931
BERTHOLET, ALFRED: Buddhismus im Abendland der Gegenwart. Tübingen 1928

QUELLENNACHWEIS DER ABBILDUNGEN

Archives Photographiques: 13, 16, 20, 22, 23, 26, 28/29, 30, 38, 60, 63, 66, 68, 91, 105, 109, 111, 112, 130, 137, 142, 146

Éditions du Seuil: 9, 12, 18, 25, 31, 53, 98, 114/115, 118, 133, 138, 141, 147, 150, 151, 153

Collection Percheron: 19, 24, 32, 42, 71, 80, 81, 85, 86, 88, 108, 122, 125, 149, 150

Guimet: 49, 55, 119, 145, 150

Photothéque Musée de l'Homme: 6 und Umschlag-Rückseite, 13

Roger Roche: 127

Réalités: 82

Revue Française: 134

Magnum: 77

Tibor Mende: 75

HINWEIS ZUR UMSCHRIFT UND AUSSPRACHE

Die indischen Wörter sind im allgemeinen in der heute üblichen wissenschaftlichen Umschrift gegeben. Zerebrale blieben unbezeichnet. Zur Aussprache ist besonders zu merken:

ā, ī, ū sind lang wie Hase, mir, Uhr

e, o sind lang wie Esel, Ostern

s ist stets scharf wie deutsches ß

c wie tsch

j wie dsch

ś und sh wie sch

NAMENREGISTER

Die kursiv gesetzten Zahlen bezeichnen die Abbildungen

rowohlts monographien

BEDEUTENDE PERSÖNLICHKEITEN
DARGESTELLT IN SELBSTZEUGNISSEN UND BILDDOKUMENTEN
HERAUSGEGEBEN VON KURT KUSENBERG

LITERATUR

ANDERSEN / Erling Nielsen [5]

BAUDELAIRE / Pascal Pia [7]

BECKETT / Klaus Birkenhauer [176]

BENN / Walter Lennig [71]

BERNANOS / Albert Béguin [10]

WOLFGANG BORCHERT / Peter Rühmkorf [58]

BRECHT / Marianne Kesting [37]

BÜCHNER / Ernst Johann [18]

WILHELM BUSCH / Joseph Kraus [163]

CAMUS / Morvan Lebesque [50]

CLAUDEL / Paul-André Lesort [95]

MATTHIAS CLAUDIUS / Peter Berglar [192]

COLETTE / Germaine Beaumont und André Parinaud [11]

DANTE / Kurt Leonhard [167]

DOSTOJEVSKIJ / Janko Lavrin [88]

DROSTE-HÜLSHOFF / Peter Berglar [130]

EICHENDORFF / Paul Stöcklein [84]

THOMAS STEARNS ELIOT / Johannes Kleinstück [119]

FONTANE / Helmuth Nürnberger [145]

GIDE / Claude Martin [89]

GOETHE / Peter Boerner [100]

HAUPTMANN / Kurt Lothar Tank [27]

HEBBEL / Hayo Matthiesen [160]

HEINE / Ludwig Marcuse [41]

HEMINGWAY / G.-A. Astre [73]

HERMANN HESSE / Bernhard Zeller [85]

HÖLDERLIN / Ulrich Häussermann [53]

HOFMANNSTHAL / Werner Volke [127]

JOYCE / Jean Paris [40]

KAFKA / Klaus Wagenbach [91]

KELLER / Bernd Breitenbruch [136]

KLEIST / Curt Hohoff [1]

LESSING / Wolfgang Drews [75]

MAJAKOWSKI / Hugo Hüppert [102]

HEINRICH MANN / Klaus Schröter [125]

THOMAS MANN / Klaus Schröter [93]

HENRY MILLER / Walter Schmiele [61]

CHRISTIAN MORGENSTERN / Martin Beheim-Schwarzbach [97]

MÖRIKE / Hans Egon Holthusen [175]

ROBERT MUSIL / Wilfried Berghahn [81]

NESTROY / Otto Basil [132]

POE / Walter Lennig [32]

RAABE / Hans Oppermann [165]

RILKE / Hans Egon Holthusen [22]

ERNST ROWOHLT / Paul Mayer [139]

SAINT-EXUPÉRY / Luc Estang [4]

SARTRE / Walter Biemel [87]

SCHILLER / Friedrich Burschell [14]

FRIEDRICH SCHLEGEL / Ernst Behler [123]

SHAKESPEARE / Jean Paris [2]

G. B. SHAW / Hermann Stresau [59]

STIFTER / Urban Roedl [86]

STORM / Hartmut Vinçon [186]

DYLAN THOMAS / Bill Read [143]

TRAKL / Otto Basil [106]

TUCHOLSKY / Klaus-Peter Schulz [31]

OSCAR WILDE / Peter Funke [148]

PHILOSOPHIE

ENGELS / Helmut Hirsch [142]

GANDHI / Heimo Rau [172]

HEGEL / Franz Wiedmann [110]

HERDER / Friedr. W. Kantzenbach [164]
JASPERS / Hans Saner [169]
KANT / Uwe Schultz [101]
KIERKEGAARD / Peter P. Rohde [28]
MARX / Werner Blumenberg [76]
NIETZSCHE / Ivo Frenzel [115]
PASCAL / Albert Béguin [26]
PLATON / Gottfried Martin [150]
ROUSSEAU / Georg Holmsten [191]
SCHLEIERMACHER / Friedrich Wilhelm Kantzenbach [126]
SCHOPENHAUER / Walter Abendroth [133]
SOKRATES / Gottfried Martin [128]
SPINOZA / Theun de Vries [171]
RUDOLF STEINER / J. Hemleben [79]
VOLTAIRE / Georg Holmsten [173]
SIMONE WEIL / A. Krogmann [166]

RELIGION

SRI AUROBINDO / Otto Wolff [121]
KARL BARTH / Karl Kupisch [174]
JAKOB BÖHME / Gerhard Wehr [179]
MARTIN BUBER / Gerhard Wehr [147]
BUDDHA / Maurice Percheron [12]
FRANZ VON ASSISI / Ivan Gobry [16]
JESUS / David Flusser [140]
LUTHER / Hanns Lilje [98]
THOMAS MÜNTZER / Gerhard Wehr [188]
PAULUS / Claude Tresmontant [23]
TEILHARD DE CHARDIN / Johannes Hemleben [116]

GESCHICHTE

BISMARCK / Wilhelm Mommsen [122]
CAESAR / Hans Oppermann [135]
CHURCHILL / Sebastian Haffner [129]
FRIEDRICH II. / Georg Holmsten [159]
GUTENBERG / Helmut Presser [134]
HO TSCHI MINH / Reinhold Neumann-Hoditz [182]
WILHELM VON HUMBOLDT / Peter Berglar [161]
KARL DER GROSSE / Wolfgang Braunfels [187]
LENIN / Hermann Weber [168]
ROSA LUXEMBURG / Helmut Hirsch [158]
MAO TSE-TUNG / Tilemann Grimm [141]
NAPOLEON / André Maurois [112]
RATHENAU / Harry Wilde [180]
KURT SCHUMACHER / H. G. Ritzel [184]
LEO TROTZKI / Harry Wilde [157]

PÄDAGOGIK

PESTALOZZI / Max Liedtke [138]

NATURWISSENSCHAFT

DARWIN / Johannes Hemleben [137]
EINSTEIN / Johannes Wickert [162]
GALILEI / Johannes Hemleben [156]
ALEXANDER VON HUMBOLDT / Adolf Meyer-Abich [131]
KEPLER / Johannes Hemleben [183]

MEDIZIN

ALFRED ADLER / Josef Rattner [189]
FREUD / Octave Mannoni [178]
C. G. JUNG / Gerhard Wehr [152]
PARACELSUS / Ernst Kaiser [149]

KUNST

DÜRER / Franz Winzinger [177]
MAX ERNST / Lothar Fischer [151]
KLEE / Carola Giedion-Welcker [52]
LEONARDO DA VINCI / Kenneth Clark [153]

MUSIK

BACH / Luc-André Marcel [83]
BEETHOVEN / F. Zobeley [103]
ANTON BRUCKNER / Karl Grebe [190]
CHOPIN / Camille Bourniquel [25]
HÄNDEL / Richard Friedenthal [36]
FRANZ LISZT / Everett Helm [185]
MAHLER / Wolfgang Schreiber [181]
MOZART / Aloys Greither [77]
OFFENBACH / Walter Jacob [155]
SCHUMANN / André Boucourechliev [6]
RICHARD STRAUSS / Walter Deppisch [146]
TELEMANN / Karl Grebe [170]
VERDI / Hans Kühner [64]
WAGNER / Hans Mayer [29]

Zu beziehen durch Ihre Buchhandlung.
Ein ausführliches Verzeichnis aller lieferbaren Taschenbücher fordern Sie bitte vom Rowohlt Taschenbuch Verlag, 2057 Reinbek bei Hamburg.

Religionswissenschaft und Religionsgeschichte

Franz Altheim

Der unbesiegte Gott / Heidentum und Christentum [35]

Rudolf Bultmann

Das Urchristentum im Rahmen der antiken Religionen [157/58]

Mircea Eliade

Das Heilige und das Profane / Vom Wesen des Religiösen [31] – Kosmos und Geschichte / Der Mythos der ewigen Wiederkehr [260]

Johannes Haller

Das Papsttum / Idee und Wirklichkeit
Band I: Die Grundlagen [221/22] – Band II: Der Aufbau [223/24] – Band III: Die Vollendung [225/26] – Band IV: Die Krönung [227/28] – Band V: Der Einsturz [229/30]

Joachim Matthes

Einführung in die Religionssoziologie I: Religion und Gesellschaft [279/80] – II: Kirche und Gesellschaft [312/13]

Leo Trepp

Das Judentum. Geschichte und lebendige Gegenwart [325/26]

115/6